グローバル政治経済
のパズル

ゲーム理論で読み解く

石黒 馨

勁草書房

はしがき

　本書の目的は，グローバル政治経済のパズルを学生や社会人の読者といっしょに解くことです。本書で取り上げたパズルは，戦争，安全保障，貿易と移民，通貨と金融という4つの分野に関するものです。それぞれの分野において，誰もが疑問に思うパズルを取り上げ，簡単な理論によってその解答を解説していきます。各章にはいくつか例題が付けられ，例題を解きながらパズルや解答の理解を深めることができます。

　本書はこのようなコンセプトでつくった新しい本ですが，全12章で取り上げるテーマのうち，6つは拙著『入門・国際政治経済の分析――ゲーム理論で解くグローバル世界――』(2007年)の内容を一部引き継いでいます。第1章「戦争はなぜ起きるのか」と第3章「和平合意は内戦を回避できるか」は，絶版になっている拙著『インセンティブな国際政治学』(日本評論社，2010年)の第1章と第3章から取り入れました。第4章「テロ対策の国際協力は可能か」は吉田和男・藤本茂編『グローバルな危機の構造と日本の戦略』(晃洋書房，2013年)の第1部第4章「テロ対策の戦略的国際関係」を一部書き換えたものです。第7章「自由貿易か保護貿易か」は，拙著『国際経済学を学ぶ』(ミネルヴァ書房，2010年)の第7章に手を入れたものです。第9章「移民受入はなぜ反対されるのか」と第10章「債務交渉が合意する条件は何か」は，新たに書いたものです。

　本書では，パズルを解く際に簡単なゲーム理論を用いています。グローバル政治経済に関する多くの問題（パズル）を取り上げるというよりは，4つの分野の限られたパズルを取り上げ，それらの解答を探るための理論的な枠組みを提供することを重視しました。理論的な枠組みについても，多様な分析アプローチを紹介するというよりは，合理的選択理論やゲーム理論の枠組みで一貫して分析することを試みました。ここで用いた理論的な枠組みは，本書では取り上げなかった他のパズルにも適用可能な応用範囲が広いものです。

本書は，グローバル政治経済分析の初歩的な試みです。本書では十分に検討できなかった問題が残されています。地球温暖化と米国のパリ協定からの離脱の問題，EU の難民受入と国内対立の問題，英国の EU 離脱に関する問題，米国と中国の安全保障と貿易戦争の問題，発展途上国における貧困と武力紛争に関する問題などです。本書で取り上げた問題についても，その解答は 1 つではありません。どのようにパズルを定義するかによって，その解答は異なります。これらの問題についての検討は，今後の課題とします。

　本書の作成には多くの方々のご協力を得ました。飯田敬輔教授（東京大学），石田淳教授（東京大学），鈴木基史教授（京都大学），多湖淳教授（早稲田大学），栗崎周平准教授（早稲田大学），岩波由香里准教授（大阪市立大学），小浜祥子准教授（北海道大学），堀江進也准教授（神戸大学），山本勝造准教授（関東学院大学）には，国際政治経済ワークショップや科研費の研究会でアイデアを啓発して頂きました。勁草書房編集部の上原正信さんには今回も出版の際にお世話になりました。これらの方々に深く感謝致します。

2018 年 10 月

六甲山麓の研究室にて
石黒　馨

目　次

はしがき

序章　グローバル政治経済のゲーム ─────────── 1
1. プレイヤーの意思決定　2
2. 戦略形ゲームとナッシュ均衡　4
3. 多様な政治経済関係　7

第I部　戦　　争

第1章　戦争はなぜ起きるのか ─────────── 18
1. 政治交渉と武力紛争　19
2. パワーシフトと戦争　27
3. 非対称情報と戦争　30

第2章　内戦への国際介入は有効か ─────────── 35
1. コソボ紛争と国際介入　36
2. 内戦と国際介入の分析枠組み　38
3. 内戦と内戦回避の条件　41
4. 内戦への国際介入　44
5. 国際介入の失敗？　47

第3章　和平合意は内戦を回避できるか―――― 52

1. イスラエル・パレスチナ和平交渉　53
2. 和平合意・戦争・内戦のモデル　56
3. 和平合意か武力紛争か　58
4. オスロ合意以降の和平交渉と国際関与　65

第Ⅱ部　安全保障

第4章　テロ対策の国際協力は可能か―――― 70

1. テロのグローバル化　71
2. テロリズムとは何か　72
3. 合理的なテロリスト　74
4. テロ対策のタイプと外部性　77
5. テロ対策の戦略的関係　79

第5章　米朝核交渉は成功するか―――― 87

1. 米朝核交渉の経緯　88
2. 米朝核交渉の分析枠組み　92
3. 米朝核交渉の分析　95
4. 米朝核交渉の処方箋　98

第6章　核不拡散体制は維持できるか―――― 103

1. 冷戦後の核不拡散問題　104
2. 核不拡散体制の分析枠組み　109
3. 核不拡散体制の分析　111
4. 核不拡散の処方箋　113
5. NPT体制を超えて――核廃絶に向けて　118

第Ⅲ部　貿易と移民

第7章　自由貿易か保護貿易か ———————————— 122
1. 貿易自由化の経済効果　123
2. 自由貿易擁護論　127
3. 保護貿易擁護論　129
4. 貿易交渉と貿易政策　133

第8章　制裁関税は有効か ———————————— 138
1. 制裁関税による米国の威嚇　139
2. 日米自動車交渉の経緯　140
3. 日米貿易交渉の分析枠組み　145
4. 日米自動車交渉の分析　149

第9章　移民受入はなぜ反対されるのか ———————————— 155
1. 米国におけるメキシコ系移民　156
2. 移民の要因　157
3. 移民の経済分析　159
4. 移民の経済社会的影響　164
5. 移民政策と不法移民　167

第Ⅳ部　通貨と金融

第10章　債務交渉が合意する条件は何か ———————————— 172
1. ギリシャの債務危機　173
2. 債務危機の3つの問題　175
3. 債務問題の解決策　177

  4. 国際機関との債務交渉　180

第11章　通貨同盟からの離脱で何が起きるか ——— 188
  1. 通貨同盟の形成　189
  2. 通貨同盟の分析枠組み　196
  3. 通貨同盟からの離脱　200

第12章　通貨危機は回避できるか ——— 205
  1. メキシコの通貨危機　206
  2. 通貨危機と危機管理の分析枠組み　209
  3. 通貨危機と危機管理の分析　211
  4. 通貨危機管理　217

索　引　223

序章
グローバル政治経済のゲーム

　この序章では，簡単なゲーム理論を使ってグローバル社会の多様な政治経済関係について検討しよう。ゲーム理論は，相互依存関係にあるプレイヤーの行動と，その行動によって生じる社会的結果について考察する研究分野である。プレイヤー間のゲーム的状況は非協力ゲームと協力ゲームに分けられる。本書が扱うグローバル政治経済の分析は，プレイヤー間で非協力ゲームを行っているような状況を対象にしている。非協力ゲームを表現する方法には，戦略形ゲームと展開形ゲームの2つがある。ここでは，戦略形ゲームを用いて多様な政治経済関係を検討しよう。

Keywords
効用関数，戦略形ゲーム，ナッシュ均衡，囚人のジレンマ，支配戦略均衡，安心供与，パレート優位，調整ゲーム，チキンゲーム，コイン合わせ，混合戦略

1　プレイヤーの意思決定

　ゲーム理論では，プレイヤーの意思決定は効用理論によって表現される。プレイヤーは，いくつかの可能な行動の中から1つを選択するとしよう。それぞれの行動には何らかの結果が伴う。**効用関数**は，それらの結果に対するプレイヤーの評価であり，選好を表すものである。プレイヤーの選好は，プレイヤー間に多様な相互依存関係をもたらす。

　侵攻阻止の例を用いて効用理論について説明しよう。2人のプレイヤーを想定しよう。1人は挑戦国（CH），もう1人は防衛国（D）である。挑戦国は防衛国に侵攻するか，侵攻せずに撤退するかを決めなければならない。挑戦国が侵攻する場合に，防衛国は，その侵攻の阻止のために報復するか，報復せずに侵攻を受け入れるかを決める。

　侵攻阻止の具体的な事例として湾岸戦争をあげよう。1990年8月2日，イラクは石油政策をめぐって対立していたクエート領土に侵攻した。この侵攻に対して，国連は安保理決議でイラクの侵攻を非難した。米国は，同盟国と多国籍軍を組織し，1991年1月17日にイラクを空爆した。湾岸戦争は，同年3月3日に停戦協定が結ばれるまで続いた。

　図0.1は，このような挑戦国と防衛国との関係を表す。最初に，挑戦国（イラク）が侵攻か，侵攻せずに撤退かを決める。もし挑戦国が侵攻すれば，防衛国（米国）は，報復するか，報復せずに侵攻を受け入れるかを決める。ここで，防衛国は，確率 p で報復を実施し，確率 $1-p$ で侵攻を受け入れるとしよう。

　この場合，挑戦国にとって3つの結果が起きる可能性がある。1つは，侵攻せずに撤退する場合である。この結果を撤退（BD）と記し，このときの挑戦国の効用関数を $U_{CH}(\mathrm{BD})$ と表す。次に挑戦国の侵攻に対して，防衛国が報復によって対抗する場合がある。この結果を報復の実行（TC）と記し，挑戦国の効用関数を $U_{CH}(\mathrm{TC})$ と表す。最後は，防衛国が挑戦国の侵攻を受け入れる場合である。この結果を侵攻受入（CS）と記し，このときの挑戦国の効用関数を $U_{CH}(\mathrm{CS})$ と表す。挑戦国は，撤退（BD）よりも侵攻受入（CS）を選好し，報復（TC）を受けるよりも撤退（BD）を選好するだろう。よって，以下のような効

図 0.1 侵攻の阻止

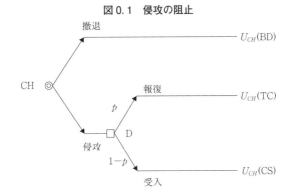

用関数の関係が得られる。$U_{CH}(\text{CS}) > U_{CH}(\text{BD}) > U_{CH}(\text{TC})$。

報復の威嚇によって挑戦国の侵攻が阻止されるための条件について検討しよう。挑戦国が侵攻せずに撤退する場合の効用は $U_{CH}(\text{BD})$ である。他方，侵攻する場合の効用は，$pU_{CH}(\text{TC}) + (1-p)U_{CH}(\text{CS})$ である。確率によって表された効用を**期待効用**と呼ぶ。挑戦国が撤退するのは以下の場合である。

$$U_{CH}(\text{BD}) > pU_{CH}(\text{TC}) + (1-p)U_{CH}(\text{CS})$$

これを書き換えれば，**侵攻阻止の条件**が以下のように得られる。

$$p > \frac{U_{CH}(CS) - U_{CH}(BD)}{U_{CH}(CS) - U_{CH}(TC)} \qquad \cdots\cdots ①$$

不等式の左辺の p は**報復の信憑性**，右辺は挑戦国の**限界リスク**を表す。報復の信憑性 p が大きいほど，防衛国が報復するという挑戦国の信念は強くなる。報復の信憑性 p が挑戦国の限界リスクより大きい場合に，挑戦国の侵攻は阻止される。限界リスクの分子は，侵攻する場合の挑戦国の利益である。その分母は，侵攻する場合の挑戦国の損失である。侵攻の利益が大きいほど，限界リスクは大きく，挑戦国は侵攻する。

侵攻阻止の条件に影響を及ぼす要因について検討しよう。第 1 に，防衛国の報復によって挑戦国の効用 $U_{CH}(\text{TC})$ が低下するほど，侵攻は阻止される。第 2 に，挑戦国の撤退の効用 $U_{CH}(\text{BD})$ が大きいほど，限界リスクが小さくなり，侵攻は阻止される。防衛国は，撤退の効用を高め，侵攻を阻止することができ

る。侵攻を宣言した後に撤退すると，挑戦国の国内で政治批判などが高まり，**観衆コスト**が大きくなる。このとき，防衛国が何らかの譲歩を提案すれば，挑戦国の観衆コストが削減され，撤退の可能性が高まる。第3に，侵攻受入の効用 $U_{CH}(CS)$ が大きいほど，侵攻の可能性は高まり，侵攻阻止の可能性は低下する。第4に，防衛国の報復の信憑性 p が十分に高い場合には，侵攻は阻止される。たとえば，防衛国に対する国際社会の支持，とくに国連安保理や多国籍軍の支持が高い場合には，報復の信憑性 p が高くなるだろう。

例題1　挑戦国の侵攻阻止

挑戦国の効用関数を以下のように想定しよう。$U_{CH}(CS)=5, U_{CH}(BD)=3, U_{CH}(TC)=1$。このとき，挑戦国の侵攻を阻止する条件を示せ。

解答：侵攻阻止の条件の①式に効用関数の値を代入すると，以下のようになる。

$$p > \frac{5-3}{5-1} = 0.5$$

防衛国の報復の信憑性が50%を上回ると，挑戦国は侵攻しない。

2　戦略形ゲームとナッシュ均衡

2.1　戦略形ゲームの構成要素

戦略形ゲームは，相手のプレイヤーの意思決定を知らない状況で，プレイヤーが意思決定する同時手番のゲームを表現するのに適した方法である。

1）核不拡散ゲーム：表0.1は，戦略形によって核不拡散ゲームを表したものである。国際社会には核開発を制限する核不拡散条約（NPT）がある。このNPT条約下で，北朝鮮やイランのような核拡散国（N）が核開発を推進し，それを察知した国連安保理（U）がその対応を検討しているとしよう。核拡散国には，核開発を推進するか，NPT条約を遵守し核開発を断念するかという選択肢がある。国連安保理には，核拡散国に対して制裁を科すか，あるいは制裁を科さないか（核開発の容認）という選択肢があるとしよう。

核拡散国と安保理は相手の行動を知らずに意思決定し，それによって以下の

表 0.1 核不拡散ゲーム

N\U	容認	制裁
核開発	$(1, -1)$	$(-3, -2)$
断念	$(-1, 1)$	$(-1, 1)$

ような結果が生じるとする。

①核拡散国が核開発し，安保理が核開発を容認した場合，核拡散国の国内政治支持率が 10% 上昇し，国際社会の安保理への政治的支持率が 10% 低下する。

②核拡散国が核開発し，安保理が核開発を制裁した場合，核拡散国の国内政治支持率が 30% 低下し，国際社会の安保理への政治的支持率が 20% 低下する。

③核拡散国が核開発を断念する場合，安保理が核開発を容認しても制裁しても，核拡散国の国内政治支持率が 10% 低下し，国際社会の安保理への政治的支持率が 10% 上昇する。

ここで，国際社会の安保理への政治的支持率は，安保理の対応にかかわらず，核拡散国が核開発を断念した場合に最も高いことを示している。

2) 3つの構成要素：戦略形ゲームは，プレイヤー（アクター），プレイヤーの戦略，プレイヤーの利得という3つの構成要素によって表される。

プレイヤーはゲームを行う主体である。プレイヤーは合理的な行動，たとえば自己の利得を最大化するような行動をとると仮定される。核不拡散ゲームでは，核拡散国と安保理がこのゲームのプレイヤーであり，自国や国際社会の政治的支持率をできるだけ高くすることを目的として行動する。

戦略は，各プレイヤーが意思決定する時点において作成される行動計画である。核不拡散ゲームでは，核拡散国は「核開発」と「核開発の断念」，安保理は「核開発の容認」と「核開発の制裁」という2つの選択肢（戦略）をそれぞれ持つ。2人のプレイヤーは1回だけ選択を行うので，2つの選択肢の中でどちらを選択するかがそのまま戦略になる。

利得は，戦略に従って行動した結果に対して各プレイヤーが持つ評価値である。核不拡散ゲームでは，核拡散国の利得は国内の政治的支持率であり，安保理の利得は国際社会の政治的支持率である。利得は，各プレイヤーの戦略の組に対して，各プレイヤーの利得を対応させる**利得関数**によって表現される。核拡散国の利得関数を U_N で表し，単位を 10% とすれば，核拡散国の利得は，

U_N(核開発, 核開発の容認)＝1, U_N(核開発, 核開発の制裁)＝－3, U_N(核開発の断念, 核開発の容認)＝－1, U_N(核開発の断念, 核開発の制裁)＝－1 である。安保理の利得関数を U_U で表せば, 安保理の利得は, U_U(核開発, 核開発の容認)＝－1, U_U(核開発, 核開発の制裁)＝－2, U_U(核開発の断念, 核開発の容認)＝1, U_U(核開発の断念, 核開発の制裁)＝1 である。

3）利得行列：プレイヤーが2人の場合には，利得は行列を用いて表すことができる。表0.1は核不拡散ゲームの利得行列である。行に安保理（U）の2つの戦略「核開発の容認」と「核開発の制裁」，列に核拡散国（N）の2つの戦略「核開発」と「核開発の断念」を並べ，行列の各要素には行と列に対応する戦略を2人のプレイヤーがとった場合の利得を並べる。たとえば，1行1列は，核拡散国が「核開発」，安保理が「核開発の容認」という戦略をとった場合の利得の組 (1, －1)である。利得の組は，前が核拡散国の利得，後が安保理の利得を表す。単位は10％である。

利得行列には，プレイヤー，プレイヤーの戦略，プレイヤーの利得が表示されている。したがって，2人ゲームで各プレイヤーの戦略が有限の場合には，利得行列には戦略形ゲームの表現に必要な3つの要素がすべて含まれる。

2.2 最適応答とナッシュ均衡

戦略形ゲームにおけるプレイヤーの戦略と，各プレイヤーの戦略の組によって定義される均衡について検討しよう。ここでは，プレイヤーの最適応答と，非協力ゲームの重要な均衡概念であるナッシュ均衡について説明する。

1）最適応答：最適応答とは，相手のプレイヤーの戦略に対して自己の利得を最大にする戦略のことである。具体例として，核不拡散ゲームの核拡散国の最適応答を検討しよう。安保理が「核開発の容認」という戦略をとれば，核拡散国にとって最適な戦略は「核開発」である。というのは，「核開発」の利得 (1) は「核開発の断念」の利得 (－1) よりも大きいからである。同様にして，安保理が「核開発の制裁」という戦略をとれば，核拡散国にとって最適な戦略は「核開発の断念」である。

次に，安保理の最適応答を検討しよう。核拡散国が「核開発」の戦略をとれば，安保理の最適な戦略は「核開発の容認」である。というのは，「核開発の容

認」の利得（−1）は「核開発の制裁」の利得（−2）よりも大きいからである。同様にして，核拡散国が「核開発の断念」という戦略をとれば，安保理の最適な戦略は「核開発の容認」と「核開発の制裁」である。これら2つの戦略は，利得が同じなので，無差別である。

2) ナッシュ均衡：ナッシュ均衡は，各プレイヤーの戦略が相手のプレイヤーの戦略に対して最適応答になっている戦略の組である。ナッシュ均衡では，他のプレイヤーが戦略を変えない限り，どのプレイヤーも自分の戦略を変える誘因を持たない。

核不拡散ゲームでは，2人のプレイヤーの戦略が互いに相手の戦略に対して最適応答になっている戦略の組は，（核開発，核開発の容認）と（核開発の断念，核開発の制裁）であり，この2つがナッシュ均衡である。核拡散国が「核開発」の戦略をとるとき，安保理の最適な戦略は「核開発の容認」であり，安保理が「核開発の容認」の戦略をとるとき，核拡散国の最適な戦略は「核開発」である。

3　多様な政治経済関係

戦略形ゲームを用いて多様な政治経済関係について検討しよう。ここでは，①囚人のジレンマ，②安心供与，③調整ゲーム，④チキンゲーム，⑤コイン合わせを取り上げる。

3.1　囚人のジレンマ

1) 囚人のジレンマ：囚人のジレンマ（Prisoner's Dilemma）は古典的な2人非ゼロ和ゲームである。2人の犯罪者が逮捕されているとする。検事は，自白以外に十分な証拠を持っていない。そこでこの検事は，2人に次のような提案をする。君（囚人1）が自白し，君の仲間（囚人2）が自白しなければ，君は無罪となり釈放される。しかし，君の仲間（囚人2）が自白し，君（囚人1）が自白しなければ，君に厳罰を科す。どちらも自白しない場合には，2人に軽い罰を科す。両方とも自白すれば，2人に重い罰を科す。しかしその罰は，君が自白せずに相手が自白した場合よりも，軽い罰になるだろう。

表 0.2 は，囚人のジレンマにおける利得行列を表す。囚人のジレンマは**支配戦略均衡**（自白する，自白する）を持つ。すなわち，犯罪者は2人とも自白す

表0.2 囚人のジレンマ

1\2	自白しない	自白する
自白しない	(3,3)	(1,4)
自白する	(4,1)	(2,2)

表0.3 貿易交渉

J\A	市場開放	輸入規制
市場開放	$(b-c, b-c)$	$(-c, b)$
輸入規制	$(b, -c)$	$(0, 0)$

る。2人のプレイヤーにとっては、（自白する、自白する）よりも（自白しない、自白しない）のほうが望ましい。2人は共に自白しないという約束をするだろう。しかし、自分の利益のために2人のプレイヤーはその約束を破ることになる。これが、このゲームにおけるジレンマである。

単なる約束だけではこのジレンマは解決できない。たとえ2人の犯罪者が「俺は絶対自白しない」と約束したとしても、相手の行動にかかわらず、自分はつねに自白するほうが利得は大きくなる。囚人のジレンマを解決するには、拘束的な約束（コミットメント）を担保する何らかの方法が必要になる。

2) **貿易交渉**：表0.3は日本Jと米国Aの貿易交渉を表す。両国の選択肢は市場開放か輸入規制である。日本（米国）が市場開放すれば、米国（日本）にbの経済利益が得られる。ただし、市場開放すれば、輸入品との競合によって国内でcのコスト（たとえば、農家の所得減少）が生じる。ここで、$b-c>0$と仮定する。

例題2 貿易交渉

この貿易交渉が囚人のジレンマになることを示せ。

解答：両国が市場開放すれば、両国の利得は$b-c>0$である。日本（米国）が市場開放し、米国（日本）が輸入規制する場合、日本（米国）の利得は$-c(b)$、米国（日本）の利得は$b(-c)$である。日本は、市場開放のコストcを負担するだけで、輸出利益を得られない。他方、米国は、市場開放のコストを負担することなく輸出利益bを得ることができる。ゲームの均衡は（輸入規制、輸入規制）である。共に市場開放すればより大きな利得$b-c>0$を得られるが、実際には共に輸入規制するので、この貿易交渉は囚人のジレンマになる。

3.2 安心供与

1) **安心供与**：表0.4は安心供与（Assurance）のゲームを表す。2人のプレイ

表 0.4 安心供与

1\2	協力	裏切り
協力	(4,4)	(1,3)
裏切り	(3,1)	(2,2)

表 0.5 先制攻撃ゲーム

N\A	専守防衛	先制攻撃
専守防衛	(s_N, s_A)	(w_{Ns}, w_{Af})
先制攻撃	(w_{Nf}, w_{As})	(w_N, w_A)

ヤーにとって，相互協力は，囚人のジレンマのように相互裏切りより望ましく，ゲームは非ゼロ和である。しかしこのゲームには，囚人のジレンマとは異なり，支配戦略がなく，2つのナッシュ均衡（協力，協力）と（裏切り，裏切り）がある。どちらのプレイヤーも相手の行動に報いようと行動する。すなわち，相手が協力すれば自分も協力し，相手が裏切れば自分も裏切る。

このようにナッシュ均衡が2つあるとき，均衡選択の問題が生じる。プレイヤーはどのような行動をとるだろうか。このゲームでは，**パレート優位**の概念が有用になる。2人のプレイヤーは相互裏切り (2,2) よりも相互協力 (4,4) を選好している。よって，2人がコミュニケーションをとることができれば，パレート優位な相互協力の均衡に達するだろう。

2）先制攻撃：安心供与のゲームは，安全保障の問題に応用される。米国Aと北朝鮮Nの先制攻撃ゲームについて検討しよう。両者は北朝鮮の核開発をめぐって対立している。このゲームの背景には，相手の先制攻撃に対する恐怖心がある。そのような恐怖心は，先制攻撃には優位性があるという信念によって支えられている。

表0.5はこのゲームの利得行列を表す。両国の選択肢は，専守防衛か先制攻撃である。両国とも専守防衛に徹し，先制攻撃をしなければ，現状が維持される。北朝鮮は s_N の利得，米国は s_A の利得を得る。両国が先制攻撃をすれば戦争が起き，北朝鮮の利得は w_N，米国の利得は w_A である。北朝鮮が先制攻撃すれば，北朝鮮（米国）の利得は $w_{Nf}(w_{As})$ である。米国が先制攻撃すれば，米国（北朝鮮）の利得は $w_{Af}(w_{Ns})$ である。先制攻撃の優位性を考慮すれば，以下のような利得関係が得られる。

北朝鮮：$w_{Nf} > w_N > w_{Ns}$，米国：$w_{Af} > w_A > w_{As}$

ここで，現状が先制攻撃よりも両国にとって望ましいとすれば（$s_N > w_{Nf}$，$s_A > w_{Af}$），ゲームの構造は安心供与のゲームと同じになる。

例題3　先制攻撃ゲーム

表0.5の先制攻撃ゲームのナッシュ均衡を示せ。

解答：2つのナッシュ均衡がある。1つは（先制攻撃，先制攻撃）である。相手が先制攻撃しようとしていると考えれば，先制攻撃の利益は専守防衛の利益よりも大きい（$w_N > w_{Ns}, w_A > w_{As}$）ので，自国も先制攻撃する。もう1つは（専守防衛，専守防衛）である。現状の利益は先制攻撃の利益よりも大きい（$s_N > w_{Nf}, s_A > w_{Af}$）ので，相手が先制攻撃しなければ，自国も先制攻撃をしない。両国とも，専守防衛に徹し，相手に安心を供与する。

しかし，現状が先制攻撃よりも両国にとって望ましくないとすれば（$s_N < w_{Nf}, s_A < w_{Af}$），ゲームの構造は囚人のジレンマになる。このとき，両国にとって先制攻撃が支配戦略になり，ナッシュ均衡は（先制攻撃，先制攻撃）となる。

3）通貨危機：外国為替市場に通貨当局と，2人の投資家AとBがいるとしよう。通貨当局は，10単位の外貨準備を持ち，固定レート制を維持するために為替市場に介入する。投資家は，各6単位の国内資金を持ち，為替の売買（売り，待ち）によって利益を追求する。為替の売りには1単位の取引費用がかかるとする。国内通貨の売り総額が外貨準備額を超えると，通貨当局は公定レートを維持できず，50%の通貨切り下げをするとしよう。

表0.6は，為替投機ゲームの利得行列を表す。投資家2人が待ちのとき，両者の利得は0である。投資家の1人が売りで，もう1人が待ちの場合，公定レートは維持される。このとき，売りを行った投資家は，取引費用だけがかかり，利得は−1単位になる。待ちを行った投資家は，利益も費用もないのでその利得は0である。

投資家2人が共に売りを行うと，通貨当局の外貨準備10単位が国内資金総額12単位より少ないので，通貨当局が公定レートを維持できず，固定レート制は崩壊する。このとき，投資家2人が通貨当局から得た10単位の外貨は，50%の為替減価があるので国内通貨で測って15単位になる。10単位の資金で15単位を得たので，5単位（それぞれ2.5単位）の利益になる。各投資家は，取引費用1単位を控除し，利得は1.5単位になる。

表 0.6 為替投機ゲーム

A\B	待ち	売り
待ち	(0, 0)	(0, −1)
売り	(−1, 0)	(1.5, 1.5)

例題 4　自己実現的な通貨危機

表 0.6 の為替投機ゲームの均衡を求めよ。

解答：このゲームは複数均衡を持つ安心供与ゲームである。このゲームのナッシュ均衡は（待ち, 待ち）と（売り, 売り）である。それぞれの均衡が自己実現的な期待の要素を持っている。固定レート制は維持されるという予想を両者が持ち，両者が待ち戦略をとると，（待ち, 待ち）の均衡が実現する。他方，固定レート制は崩壊するという予想を両者が持ち，両者が売り戦略をとると，（売り, 売り）の均衡が実現し，固定レート制は崩壊する。パレート優位の基準を適用すると，固定レート制が崩壊し，通貨危機が起きる。

3.3　調整ゲーム

1) 調整ゲーム：表 0.7 は調整ゲーム（Coordination）の利得行列を表す。調整ゲームも複数の均衡があるが，どの均衡が望ましいかについてプレイヤー間で対立がある。プレイヤー 1 は A に調整することを選好し，プレイヤー 2 は B に調整することを選好している。両プレイヤーは，調整の失敗よりも協調を望んでいる。調整に失敗する場合には，プレイヤー 1 は A の維持を望み，プレイヤー 2 は B の維持を望む。プレイヤー 1（2）は A（B）への調整が最善であり，B（A）への調整は次善である。調整に失敗する場合には，両者が調整を望む結果（A, B）のほうが，相手に合わせて調整する結果（B, A）よりも望ましい。

調整ゲームでも安心供与ゲームと同様に，2 つのナッシュ均衡がある。しかし，2 つのナッシュ均衡はどちらもパレート優位ではない。よって，パレート優位の基準は均衡の選択には使えない。

2) 国際基準の統一：情報技術の国際基準を 2 国間で統一する場合について検討しよう。国際基準の採用について両国は対立しているが，共通の基準を採用することによって両国とも利益を得ることができる。表 0.8 はこのゲームの利得行列を表す。

表 0.7 調整ゲーム

1\2	A	B
A	(4, 3)	(2, 2)
B	(1, 1)	(3, 4)

表 0.8 国際基準の統一

1\2	A	B
A	$(b_1+r_1+r_2, b_2-c_2)$	(r_1, r_2)
B	(r_2-c_1, r_1-c_2)	$(b_1-c_1, b_2+r_1+r_2)$

プレイヤー1（2）は，独自の技術A（B）を開発しているが，AかBに国際基準を統一する用意がある．ただし，プレイヤー1（2）は相手の技術B（A）を採用する場合には，そのための調整コスト$c_1(c_2)$が必要になる．もしプレイヤー1（2）が基準の統一に合意すれば，基準統一の利益$b_1(b_2)$が得られる．さらに各プレイヤーiは，国内企業が開発した技術によって追加的な販売利益r_iを受け取る．

技術Aで国際基準が統一される場合，プレイヤー1は，基準統一の利益b_1と両国での販売利益r_1+r_2を得る．このときプレイヤー2は，基準統一の利益を得るが，調整コストc_2がかかる．技術Bで国際基準が統一される場合，プレイヤー2（1）はちょうど逆の利益を得る．国際基準の統一に失敗する場合，各国が自国の技術を採用すれば，各プレイヤーiは販売利益r_iのみを得る．互いに相手の技術に転換する場合には，相手国での販売利益を得られるが，技術転換の調整コストがかかる．

例題5　国際基準の統一

表0.8のゲームのナッシュ均衡を求めよ．

解答：プレイヤー1は，自国の技術Aでの基準統一が最善で，相手の技術Bでの基準統一は次善である（$b_1+r_1+r_2>b_1-c_1$）．国際基準の統一に失敗する場合，自国技術を採用したほうが望ましい（$r_1>r_2-c_1$）．もし$b_1-c_1>r_1$であれば，基準統一の失敗よりも基準統一を望むことになる．このとき，2つのナッシュ均衡（A, A）と（B, B）が存在する．ただし，2つのナッシュ均衡を順序づけることはできない．

3.4　チキンゲーム

1) チキンゲーム：表0.9はチキンゲーム（Chicken）を表す．チキンゲームも複数の均衡があるが，効率性を基準に均衡を選択できない．囚人のジレンマや

序章　グローバル政治経済のゲーム

表 0.9　チキンゲーム

1＼2	協調	裏切り
協調	(3, 3)	(2, 4)
裏切り	(4, 2)	(1, 1)

表 0.10　キューバ危機

S＼A	抑制	攻撃
抑制	(s_S, s_A)	(0, 1)
攻撃	(1, 0)	$(-d_S, -d_A)$

安心供与ゲームと同様に，相互協調は相互裏切りよりも望ましい。しかし，相互協調も相互裏切りもナッシュ均衡ではない。プレイヤーは，相互協調からの裏切りや，相互裏切りからの協調によって，利得を大きくすることができる。

2) **核危機**：冷戦期の米国 A とソ連 S の核攻撃に関するゲームを想定しよう。表 0.10 はこのゲームの利得行列を表す。

米ソ両国は，キューバのミサイル基地建設をめぐって対立している。このとき，両国の選択肢は相手を核攻撃するか，核攻撃を抑制するかである。一方が核攻撃し他方が抑制すれば，攻撃側が勝利 1 の利得，抑制した側は 0 の利得を得る。双方が攻撃しなければ，現状維持となり，双方の利得は $s_i (0<s_i<1)$ である。両方が攻撃すれば，核戦争になり，両方の利得は $-d_i<0$ である。

例題 6　キューバ危機

表 0.10 のゲームのナッシュ均衡を求めよ。

解答：核戦争の状態は降伏よりも望ましくない（$-d_i<0$）ので，相手が核攻撃しようとすれば，どちらも核攻撃しない。しかし $s_i<1$ であるので，相手が核攻撃しなければ，核攻撃する。このゲームには，(攻撃, 抑制) と (抑制, 攻撃) という 2 つのナッシュ均衡がある。このようなチキンゲームで有利な均衡を導くためには，自分が核攻撃するということを相手に確信させなければならない。相手がそのように確信すれば，相手は核攻撃をしない。

チキンゲームと先制攻撃ゲームとの違いは以下の点にある。チキンゲームでは，双方が核攻撃を強行するというのは均衡ではない。先制攻撃ゲームでは，非協力的な行動として核攻撃があり，均衡において核戦争が起きる。ただし，パレート優位な状況を双方が認識すれば，核戦争は回避される。

3.5　コイン合わせ

1) **コイン合わせ**：表 0.11 はコイン合わせゲーム（Matching Pennies）を表す。

表 0.11 コイン合わせ

1\2	表	裏
表	(1, 0)	(0, 1)
裏	(0, 1)	(1, 0)

コインを持った2人のプレイヤーが，同時にコインの表か裏を見せあう。コインの表裏が一致すれば，プレイヤー1が両方のコインを手に入れる。このとき，プレイヤー1（2）の利得を1（0）とする。コインの表裏が一致しなければ，プレイヤー2が両方のコインを得る。このゲームはゼロ和ゲームであり，パレート優位な結果はない。また純戦略の範囲ではナッシュ均衡も存在しない。しかし，混合戦略まで戦略の範囲を拡大すれば，ナッシュ均衡が存在する。

2) 混合戦略とナッシュ均衡：混合戦略とは，確率的に戦略を混ぜ合わせる戦略である。コイン合わせの場合には，表と裏の行動を確率的に選択することである。ナッシュ均衡では各プレイヤーが混合戦略を選択し，それらの戦略が互いに最適応答になっている。

どのような確率でプレイヤーが各戦略を選択するかを検討しよう。最初に，プレイヤー1の最適応答を計算しよう。プレイヤー2が表を選択する確率をq_1，裏を選択する確率を$1-q_1$とする。このとき，プレイヤー1の期待利得は以下のようになる。

表を選択すると，$q_1 \times 1 + (1-q_1) \times 0 = q_1$
裏を選択すると，$q_1 \times 0 + (1-q_1) \times 1 = 1-q_1$

プレイヤー1が表を選択する条件は，$q_1 > 1-q_1 (\Rightarrow q_1 > 1/2)$である。同様の計算によって裏を選択する条件は$q_1 < 1/2$である。$q_1 = 1/2$の時には，表と裏の期待利得は同じで，どちらも無差別である。以上から，プレイヤー2の戦略に対するプレイヤー1の最適応答は以下のようになる。p_1^*は，最適応答においてプレイヤー1が表を選択する確率である。

$1 \geqq q_1 > 1/2$ の場合，　　$p_1^* = 1$
$q_1 = 1/2$ の場合，　　　$0 \leqq p_1^* \leqq 1$
$0 \leqq q_1 < 1/2$ の場合，　　$p_1^* = 0$

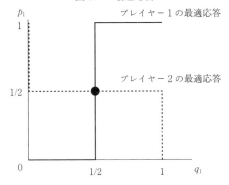

図 0.2 最適応答

プレイヤー1と同様に計算すると，プレイヤー1の戦略に対するプレイヤー2の最適応答は以下のようになる。q_1^* は，最適応答においてプレイヤー2が表を選択する確率である。

$0 \leq p_1 < 1/2$ の場合, $q_1^* = 1$
$p_1 = 1/2$ の場合, $0 \leq q_1^* \leq 1$
$1 \geq p_1 > 1/2$ の場合, $q_1^* = 0$

図 0.2 はゲームの最適応答のグラフを表す。実線はプレイヤー1，点線はプレイヤー2の最適応答を表す。2人の最適応答の交点（$p_1^*=1/2, q_1^*=1/2$）がナッシュ均衡である。ナッシュ均衡は，2人のプレイヤーが表と裏を50%の確率で選択する混合戦略の組である。

3) テロ対策ゲーム：表 0.12 はテロ対策ゲームの利得行列を表す。政府（G）は，テロリストの攻撃を防ぐためにテロ対策を行う。テロリスト（T）は，テロ対策を回避し，A, B, C のどこかの場所でテロを実行しようとする。テロリストの攻撃場所と政府の対策場所が一致すれば，テロは失敗し，テロ対策は成功する。このとき，政府の利得を1，テロリストの利得を0とする。テロ攻撃とテロ対策の場所が一致しなければ，テロが成功する。このとき，政府の利得を0，テロリストの利得を1とする。政府はテロ攻撃を正確に予想しようとし，テロリストは政府の想定を外し，テロを起こそうとする。

表 0.12 テロ対策ゲーム

G\T	A	B	C
A	(1, 0)	(0, 1)	(0, 1)
B	(0, 1)	(1, 0)	(0, 1)
C	(0, 1)	(0, 1)	(1, 0)

例題 7　テロ対策ゲーム

このゲームのナッシュ均衡を求めよ。

解答：テロリストが A（B, C）地点を攻撃する確率を p_A（p_B, p_C），政府が A（B, C）地点を重点対策する確率を q_A（q_B, q_C）とする。このとき，上と同じように計算すると，ナッシュ均衡は次のような混合戦略の組である。$p = (p_A, p_B, p_C) = (1/3, 1/3, 1/3)$，$q = (q_A, q_B, q_C) = (1/3, 1/3, 1/3)$。テロ攻撃とテロ対策は，A, B, C の 3 カ所に 1/3 の均等の確率で行われる。

文献案内

Guide to Further Reading

Kydd, A. H. (2015) *International Relations Theory: The Game-Theoretic Approach*, Cambridge: Cambridge University Press.
　＊ゲーム理論による国際関係分析の基本的なテキスト。

Morrow, J. (1994) *Game Theory for Political Scientists*, Princeton: Princeton University Press（石黒馨監訳『政治学のためのゲーム理論』勁草書房，2016 年）．
　＊政治学のためのゲーム理論の基本的なテキスト。

第Ⅰ部

戦　争

第1章
戦争はなぜ起きるのか

パズル：戦争はなぜ起きるのか。

解答：戦争のおもな原因は，政治勢力（多数派と少数派）間のパワーシフトと情報の非対称性である。第1に，パワーシフトがある場合には，多数派は，少数派が受け入れるような和平案を初期に約束したとしても，その後の段階でそれを履行するとはかぎらない（コミットメント問題）。多数派が初期の和平案にコミットしないと少数派が予想するとき，少数派は予防戦争に出る。第2に，非対称情報下では，多数派は，少数派が受け入れるような提案を正確には知らない。多数派は，戦争のリスクを考慮しながら期待利得を最大にするような行動を選択する。合理的なアクターは戦争のリスクを合理的に受け入れる。

Keywords
新しい戦争，外部機会，平和の配当，戦争の期待利得，パワー分布，先制攻撃，相対利得，パワーシフト，コミットメント問題，予防戦争，非対称情報

1 政治交渉と武力紛争

政治交渉と戦争に関する簡単なモデル分析をしよう。1990年代にセルビア共和国では,多数派のセルビア人と少数派のアルバニア人が,アルバニア人の集団的権利や領域的自治(コソボ共和国の独立)を巡って政治対立した。この政治対立は内戦に発展し,1999年のNATOの軍事介入にまで至った。以下では,このような多数派と少数派の政治対立と戦争を想定する。このような非国家主体間の戦争は**新しい戦争**と呼ばれる場合がある。

1.1 政治交渉と戦争のモデル

最後通牒ゲームによって,武力紛争が起きる可能性のある政治交渉について検討しよう。武力紛争は,政治交渉の外で得られる機会であり,**外部機会**と呼ばれる(図1.1を参照)。

1) アクター:このゲームの主要なアクターは,国内で政治対立する多数派 M と少数派 m という2つの政治勢力である。多数派と少数派は,大きさ1の政治権限の配分を巡って対立している。多数派も少数派も政治権限を拡大することを目的としている。

政治勢力の境界線が民族や宗教などによって引かれる場合がある。このとき,政治権限の配分は,たとえば,少数派アルバニア人の集団的権利や領域的自治(コソボの独立)および言語・表現・教育・宗教・結社の自由などに関係するだろう。

2) 行動空間:多数派と少数派の選択肢を次のように想定しよう。多数派の行動は,少数派の政治権限拡大の要求に対して,どのような配分案 α を提示するかである。ここで,多数派の配分を $\alpha \in [0,1]$,少数派の配分を $1-\alpha$ とする。少数派の選択肢は3つある。1つめは,多数派の配分案 $(\alpha, 1-\alpha)$ を受け入れる(a: accept),2つめは,多数派の提案を拒否し武力紛争に訴える(f: fight),3つめは,多数派の提案を拒否する(r: reject)が,武力紛争に訴えずに現状にとどまるである。

3) 政治状態:多数派と少数派の意思決定の結果,3つの政治状態が生じる。

図1.1 政治交渉と戦争のゲーム

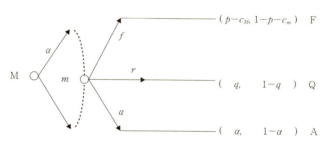

1つめは，少数派が多数派の提案を受け入れ，和平合意が実現する場合Aである。2つめは，少数派が多数派の提案を拒否し，内戦が勃発する場合Fである。3つめは，少数派が多数派の提案を拒否するが，戦争に訴えることなく，現状にとどまる場合Qである。

4) 利得：多数派と少数派の利得はそれぞれの効用 U_M と U_m で表されるとしよう。多数派も少数派もリスク中立的とする。このとき，多数派（少数派）の効用は，多数派（少数派）への政治権限の配分の値 $x_M(x_m)$ で表される。すなわち，$U_M(x_M)=x_M, U_m(x_m)=x_m$ である。多数派と少数派の現状Qの配分を，$(q, 1-q)$ とする。少数派が多数派の提案 α を受け入れれば，利得分配は $(\alpha, 1-\alpha)$ のように決定される。

少数派が多数派の提案を拒否し，内戦が起きる場合には，次のように想定しよう。多数派が勝つ確率を p （少数派が勝つ確率は $1-p$ ），多数派が勝った場合，多数派の利得を1，少数派の利得を0とする。少数派が勝った場合，多数派の利得を0，少数派の利得を1とする。これは，戦争の勝利者がすべての政治権限を得ることを意味している。武力紛争に伴う多数派と少数派のコストをそれぞれ c_M, c_m とする。このとき，内戦が発生すれば，多数派の期待利得は $1 \times p + 0 \times (1-p) - c_M = p - c_M$ であり，少数派の期待利得は $0 \times p + 1 \times (1-p) - c_m = 1 - p - c_m$ となる。

戦争は，政治交渉の外で行われる外部機会である。外部機会の利得 $(p-c_M, 1-p-c_m)$ は，交渉において合意に達しない場合に，交渉者が交渉を終わらせることによって得ることができる利得である。これに対して，現状の利得 $(q,$

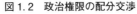

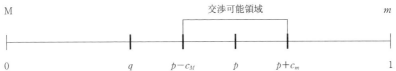

図 1.2 政治権限の配分交渉

$1-q$）は，政治交渉では合意に達しないが，外部機会の追求をしない場合に得られる。

5) 情報構造：この政治交渉は図 1.1 のように行われる。まず，多数派が配分案 α を提示する。次にこの提案に対して，少数派は，a か f か r を決定する。以上のような状況について，多数派も少数派も十分に了解しており，情報の不完全性や不備性は存在しない。このゲームの均衡は部分ゲーム完全ナッシュ均衡とする。

1.2 政治交渉と戦争

1) 政治権限の配分交渉：2 つの政治勢力は，大きさ 1 の政治権限の配分を巡って対立している。図 1.2 では，対象となる政治権限は数直線上の $[0,1]$ 区間で表される。政治権限の現状の配分は点 q で表される。多数派の配分は q の左側，少数派の配分は q の右側で表される。多数派の提案 α はこの $[0,1]$ 区間の線上の点で表される。たとえば，多数派が $\alpha = p(>q)$ を提案し，それを少数派が受け入れれば，現状は多数派に有利に変更される。

多数派は，現状に不満を持ち，少数派と政治権限の再配分について交渉するとしよう。ここで，多数派が現状に不満を持つというのは，多数派が武力行使をすれば，多数派に有利に現状を変えることができるという意味である。これは記号で表せば，戦争によって得られる期待利得 $p-c_M$ が，現状の利得 q よりも大きいということである。すなわち，$p-c_M > q$ である。多数派が現状に不満を持つ原因は，直接的にはパワー分布 $(p, 1-p)$ が多数派に有利になった場合や，多数派の戦争のコスト c_M が低下した場合が考えられる。反対に，$1-p-c_m > 1-q$ の場合には，少数派が現状に不満を持つことになる。

図 1.2 は，所与のパワー分布 $(p, 1-p)$ のもとで，政治権限の現状の配分 $(q, 1-q)$ に，多数派が不満を持ち，少数派が満足している状況を表す。多数派は，

現状から q の利得を得ている。しかし，武力紛争に訴えれば，$p-c_M$ の期待利得を得ることができる。この期待利得は，現状の利得 q よりも大きい。したがって，多数派には戦争に訴える誘因がある。少数派は，武力紛争に訴えたときの期待利得は $1-p-c_m=1-(p+c_m)$ である。これは現状の利得 q より小さく，少数派には戦争に訴える誘因はない。

最後通牒ゲームでは，交渉においてどちらが提案権を持つかが重要になる。提案権を持つほうが大きな交渉力を持つからである。ここでは，多数派が提案権を持っている。戦争を回避するためには，多数派は，少数派が戦争で得られる期待利得 $1-(p+c_m)$ 以上の配分 α を提案しなければならない（$1-\alpha \geq 1-(p+c_m)$）。ただし，多数派の譲歩が大きければそれだけ，多数派の利得は小さくなる。多数派は，自ら戦争に訴えたときに得られる期待利得 $p-c_M$ 以上は譲歩しない。したがって，両勢力の交渉可能な範囲は $[p-c_M, p+c_m]$ である。多数派はこの範囲で，多数派にとって最も有利な提案 $\alpha^*=p+c_m$ をする。

2) 効率的な交渉結果：戦争がコストのかかるものである限り，和平合意をすれば，分配可能な利益は大きくなる。したがって，完備情報のもとでは，和平合意が成立し，戦争が回避される。戦争回避によって得られる追加的な利益 (c_M+c_m) は**平和の配当**である。ただし，平和の配当は，政治交渉において交渉力を持つ勢力に有利に分配される。

図1.3は，戦争と政治交渉の利得分配について表したものである。縦軸は少数派の効用 x_m，横軸は多数派の効用 x_M を表す。和平合意の集合は $(1,0)$ と $(0,1)$ を結ぶ線上にあり，この線上は和平合意の効率的な配分を表す。現状は点 Q で示される。所与のパワー分布 $(p, 1-p)$ と戦争のコスト c_m, c_M のもとで，両勢力が戦争をすれば，彼らの利得は点 $F(p)$ で得られる。この点 $F(p)$ は和平合意の効率曲線の内側にあり，戦争が非効率であることを表す。しかし，多数派の選好は，現状の点 Q よりも戦争の点 F を好む。なぜなら，多数派の利得は，現状の q よりも戦争の $p-c_M$ のほうが大きいからである。

図1.3において，戦争が起きた場合の利得分配は，両勢力の戦争のコスト c_M と c_m を所与とすれば，点 F を通る右下がりの太い点線上で表される。この点線上を右下方に進めば，多数派が戦争に勝つ確率 p が大きい状況を表す。反対

図1.3 戦争と利得分配

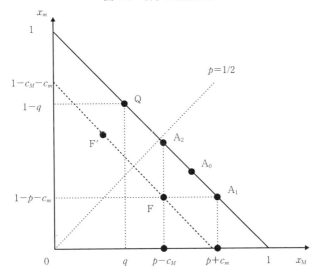

に，この点線上を左上方に進めば，少数派が戦争で勝つ確率 $1-p$ が大きくなる。たとえば，点 $F'(p')$ では，少数派が戦争に勝つ確率 $1-p'$ は $1-p$ よりも大きく，少数派の利得は点 $F(p)$ よりも大きい（$1-p'-c_m > 1-p-c_m$）。

点 F の右上方のパレート効率曲線（A_1 と A_2 を結ぶ線）上の分配は，両勢力が戦争よりも選好する和平合意の集合である。この政治交渉においてどのような利得の分配になるかは，どちらが提案権を持つかに依存する。提案権を持つ勢力が平和の配当（c_M+c_m）をすべて得ることができるからである。多数派が提案権を持つ場合には，多数派は，点 A_1 のような分配（$p+c_m, 1-p-c_m$）を提案し，少数派はそれを受け入れる。

例題1　少数派の提案権

少数派が提案権を持つ場合，少数派はどのような提案をするだろうか。

解答：少数派は，点 A_2 のような分配（$p-c_M, 1-p+c_M$）を提案し，多数派はそれを受け入れることになる。もっとも，戦争によって現状を変えるだけのパワーを持つ多数派が，提案権（交渉力）を持たないというのは不自然かもしれない。このように，劣勢な少数派が提案権を持つとすれば，それは国際社会の

ような第三者の介入がある場合が考えられる。

3) 部分ゲーム完全ナッシュ均衡：後向き帰納法によって部分ゲーム完全ナッシュ均衡を求めよう。まず，少数派の行動から検討しよう。多数派が分配案 $(\alpha, 1-\alpha)$ を提示したとする。$1-\alpha < 1-p-c_m$（すなわち $\alpha > p+c_m$）ならば，少数派は，その提案を拒否し戦争に訴える。多数派の提案と戦争の期待利得が等しい場合には，多数派の提案を受け入れるとする。このとき $1-\alpha \geqq 1-p-c_m (\alpha \leqq p+c_m)$ ならば，少数派はその提案を受け入れる。

このような少数派の行動を前提として，多数派は，この条件を満たしながら自己の利得を最大にする $\alpha = p+c_m$ を提案する。多数派は，このような提案によって戦争になるよりも大きな利得が得られる。なぜなら，$\alpha = p+c_m > p-c_M$，すなわち $c_m+c_M > 0$ だからである。戦争にコストがかかる限り，戦争は回避される。

部分ゲーム完全ナッシュ均衡は，以下のようになる。

多数派　$\alpha = p+c_m$ を提案する。
少数派　$\alpha \leqq p+c_m$ なら，提案を受け入れる。
　　　　$\alpha > p+c_m$ なら，提案を拒否する。

多数派と少数派の間で政治交渉が成立し，戦争は回避される。

1.3　戦争の原因を巡る議論

多数派と少数派の利得を増大させるようなパレート効率的な交渉可能領域が存在する場合に，なぜ戦争は起きるのだろうか。情報が完全な場合には，点Fで示されるような戦争は起きず，点 A_1 のようなパレート効率的な交渉結果が得られる。これまでの研究では，戦争の原因について，①戦争の正の期待利得，②パワー分布，③先制攻撃の優位性，④相対利得などが指摘されてきた。

1) 戦争の期待利得：戦争の期待利得論（Bueno de Mesquita, B. 1981）によれば，戦争によって正の期待利益が得られる場合に，合理的なアクターは戦争に訴える。すなわち，戦争をしたときに，コストを払ってもなお利益があれば，国家は戦争をする。しかし，戦争の期待利得が正であるだけでは十分ではない。戦争の期待利得よりも大きな利得が得られる機会（政治交渉）がある場合に，な

ぜ戦争が起きるかを説明しなければならない。

例題2　戦争の期待利得

戦争の期待利得が正でも，戦争が起きないことを図1.3によって示せ。

解答：図1.3において，多数派は，点 $F(p)$ で戦争によって正の期待利得 $p-c_M>0$ を得る。しかもこの期待利得は，現状 Q で得られる利得 q よりも大きい。しかし，両派にとって戦争の期待利得よりも大きな利得が得られるパレート効率的な交渉可能領域（A_1 と A_2 を結ぶ線上）が存在している。このとき上で見たように，両派は戦争を回避し，交渉に合意する誘因を持っている。このように，戦争の期待利得よりも大きな利得が政治交渉によって得られる場合には，戦争による正の期待利得だけでは，戦争の勃発を説明できない。

2）パワー分布：勢力均衡論や勢力支配論は，パワー分布と戦争との関係について指摘している。勢力均衡論（balance-of-power）によれば，パワー分布が均衡している場合，戦争の可能性が低くなる。2国モデルでは，$p=1/2$ の時に戦争の可能性が低くなる。他方，勢力支配論（predominance-of-power）によれば，パワー分布が非対称的な場合，戦争の可能性が低い。2国モデルでは，$p \approx 0$ か $p \approx 1$ の時に戦争の可能性が低くなる。

しかし，戦争の可能性は，パワー分布 p だけではなく，戦争のコスト c_M, c_m や現状の利益分配 $(q, 1-q)$ にも影響を受ける。戦争によって得られる期待利得 $(p-c_M, 1-p-c_m)$ と現状によって得られる利得分配 $(q, 1-q)$ が乖離するほど，どちらかが現状を拒否し，戦争を引き起こす可能性が高くなる。多数派は，$q<p-c_M$ のときに，戦争の誘因を持つ。少数派は，$1-q<1-p-c_m$ すなわち $q>p+c_m$ のときに，戦争の誘因がある。覇権戦争論（Gilpin, R. 1981）によれば，覇権国のパワーの低下は，パワー分布と現状の利益分配との乖離をもたらす。これが非覇権国の覇権国への挑戦であり，覇権戦争を引き起こす。

例題3　パワー分布と戦争

勢力均衡論や勢力支配論の戦争回避論を図1.3によって検討せよ。

解答：勢力均衡論は，$p=1/2$ のときに，戦争の可能性が低いとする。しかし，

図 1.3 では $p=1/2$ のときには，$q<(1/2)-c_M$ であり，多数派は戦争の誘因を持っている。支配勢力論は，$p\approx 0$（縦軸に近い）か $p\approx 1$（横軸に近い）のときに，戦争の可能性が低いとする。しかし，図 1.3 では $p\approx 0$ のときには，$q>c_m$ であり，少数派が戦争の誘因を持つ。$p\approx 1$ のときには，$q<1-c_M$ であり，多数派が戦争の誘因を持つ。勢力均衡論も勢力支配論も戦争の回避を説明できない。

3) 先制攻撃の優位性：先制攻撃の優位性（offensive-advantage）の議論（Jervis, R. 1979）によれば，防衛よりも先制攻撃を有利にするような要因は戦争の可能性を高める。先制攻撃の優位性を γ で表そう。このとき，多数派が攻撃する場合に，多数派が勝つ確率は $p+\gamma$，少数派が勝つ確率は $1-p-\gamma$ である。少数派が攻撃する場合には，多数派が勝つ確率は $p-\gamma$，少数派が勝つ確率は $1-p+\gamma$ となる。

例題 4　先制攻撃の優位性と戦争

先制攻撃の優位性が戦争を引き起こす可能性について検討せよ。

解答：多数派に先制攻撃の優位性がある場合，図 1.2 では交渉可能領域は $[p+\gamma-c_M, p-\gamma+c_m]$ となる。交渉可能領域の大きさは $c_M+c_m-2\gamma$ であり，先制攻撃の優位性が大きくなるにつれて，交渉可能領域は小さくなる。しかし，先制攻撃の優位性が十分に大きくない限り，両勢力が戦争よりも選好する和平合意の集合（$c_M+c_m-2\gamma>0$）が存在する。とすれば，そのとき，なぜ戦争が起きるのだろうか。先制攻撃の優位性だけでは必ずしも戦争の勃発を説明できない。ただし，先制攻撃の優位性が大きければそれだけ，交渉可能領域が狭まり，戦争の可能性は高まる。

4) 相対利得：リアリストの相対利得論（Grieco, J 1988）によれば，紛争当事者が交渉において絶対利得ではなく，相対利得に関心がある場合には，交渉合意は困難であり，戦争の可能性が高まる。紛争当事者が相対利得に関心があるとしても，それだけで戦争の選択を説明することはできない。しかし，相対利得への関心が十分に大きい場合には，政治交渉は失敗する可能性がある。

例題5　相対利得と戦争

相対利得が戦争の原因にならない場合を示せ。

解答：多数派の利得関数を $U_M(\alpha) = \alpha - \beta(1-\alpha-\alpha) = (1+2\beta)\alpha - \beta$，少数派の利得関数を $U_m(\alpha) = 1-\alpha - \beta[\alpha - (1-\alpha)] = 1+\beta - (1+2\beta)\alpha$ としよう。$\beta \geq 0$ は相対利得への関心を表すパラメータである。このとき，多数派の期待利得は，$pU_M(1) + (1-p)U_M(0) - c_M = (1+2\beta)p - \beta - c_M$ であり，少数派の期待利得は $pU_m(0) + (1-p)U_m(1) - c_m = (1+2\beta)p - \beta + c_m$ である。交渉可能領域は $[(1+2\beta)p - \beta - c_M, (1+2\beta)p - \beta + c_m]$ となる。

両派が相対利得に関心を持っていたとしても，戦争よりも選好される合意の集合が存在する。戦争回避によって得られる利益は $c_M + c_m$ であり，これは相対利得への関心度 β やパワー分布 $(p, 1-p)$ には依存しない。このように，戦争よりも選好される合意の集合が存在する場合，相対利得だけでは戦争の選択を説明することはできない。ただし，相対利得への関心は，提案可能な α の値に制約を課すので，相対利得への関心が十分に大きい場合には，政治交渉に失敗し，戦争に至る可能性がある。

2　パワーシフトと戦争

政治対立が戦争に進展する過程をパワーシフトによって検討しよう。パワーシフトがある場合には，少数派が受け入れるような和平案を多数派が初期に約束したとしても，その後の段階で多数派がそれを履行するという保証はない。これを**コミットメント問題**という。このようなコミットメント問題があるとき，少数派は**予防戦争**に出る。

2.1　パワーシフト

基本モデルを以下のように修正しよう（図1.4を参照）。最初に，少数派は，多数派の和平協議を受け入れる（a）か，それを拒否して予防戦争に訴える（f）かを選択する。次に，少数派が和平協議を受け入れた後，多数派は和平案 α を提示する。最後に，少数派は，多数派の和平案 α を受け入れる（a）か，それを拒否し戦争をする（f）かの選択をする。多数派が現状に不満を持ち，多数派の

図 1.4　パワーシフト

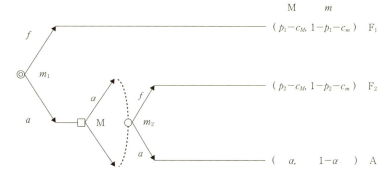

提案には現状にとどまるという選択肢はないとする。

多数派と少数派の意思決定によって、3つの政治状態が生じる。第1は、少数派が多数派の和平協議を受け入れず、最初の意思決定で武力行使に訴える場合（F_1：予防戦争）である。第2は、少数派が多数派の和平協議を受け入れるが、次の意思決定で多数派の和平案 α を拒否し、戦争する場合（F_2：軍事対立）である。第3は、少数派が多数派の和平協議と和平案 α を受け入れる場合（A：和平合意）である。少数派が受け入れ可能な和平案 α を多数派が提案すれば、戦争は回避される。しかし、少数派が和平協議や和平案 α を拒否する場合には、戦争が起きる。

多数派の利得は以下のように想定しよう。戦争が起きる場合に、多数派が1回目に勝つ確率を p_1、2回目に勝つ確率を p_2 とする。多数派が勝つ確率 $p_i(i=1,2)$ は、予防戦争 F_1 の場合よりは軍事対立 F_2 の場合のほうが大きいとする（$p_1 < p_2 = p_1 + \Delta p$）。時間の経過と共に多数派に有利にパワーシフトが起き、その結果、多数派が勝つ確率が Δp だけ大きくなる。このとき、多数派の期待利得は、予防戦争 F_1 の場合は $p_1 - c_M$、軍事対立 F_2 の場合は $p_2 - c_M > p_1 - c_M$ である。少数派が和平案 α を容認する場合は、多数派の利得は α である。

少数派の利得は以下のようになる。戦争が起きる場合に、少数派が1回目に勝つ確率は $1-p_1$、2回目に勝つ確率は $1-p_2$ である。このとき、少数派の期待利得は、予防戦争 F_1 の場合は $1-p_1-c_m$ であり、軍事対立 F_2 の場合は $1-p_2-c_m$ である。パワーシフトの仮定（$p_1 < p_2$）より、$1-p_1-c_m > 1-p_2-c_m$ であ

る。和平案 α に合意する場合には，少数派の利得は $1-\alpha$ である。

2.2 コミットメント問題

少数派の最後の行動について検討しよう。少数派は，和平案を受け入れれば $1-\alpha$ の利得を得るが，戦争をすれば $1-p_2-c_m$ の期待利得を得る。和平案の受け入れと戦争の期待利得が等しい場合には，和平案を受け入れるとする。このとき，和平案の利得が戦争の期待利得より大きい場合（$1-\alpha \geq 1-p_2-c_m$）すなわち $\alpha \leq p_2+c_m$ の場合には，少数派は和平案 α を受け入れる。そうでなければ戦争をする。よって，少数派の行動は以下のようになる。

少数派は，$\alpha \leq p_2+c_m$ の場合，和平案 α を受け入れる。
　　　　　$\alpha > p_2+c_m$ の場合，戦争をする。

多数派は，このような少数派の行動を予想しながら和平案 α を提示する。このとき，多数派は，和平案 α を大きくするほど，大きな利得が得られる。しかし，α を大きくし過ぎると，戦争のリスクが高まる。多数派は，少数派が受け入れる範囲で，できるだけ大きな和平案 α を提示するだろう。

多数派は，和平案 $\alpha = p_2+c_m$ を提案する。

少数派は，このような多数派の和平案 α を予想しながら，最初の手番で最適な選択を行う。少数派の利得は，予防戦争に出た場合には $1-p_1-c_m$ であるが，多数派の和平案を受け入れた場合には $1-\alpha=1-p_2-c_m$ である。時間の経過と共に多数派に有利にパワーシフトが起きるという仮定（$p_1 < p_2 = p_1+\Delta p$）から，少数派は，最初の手番で予防戦争に出たほうが期待利得が大きい。こうして，少数派は合理的に戦争を選択する。

多数派が最初に和平協議の呼びかけにおいて和平案 $\alpha_1(=p_1+c_m)$ を提示したとしても，その後の段階で多数派にとって最適な和平案は $\alpha_2(=p_2+c_m)$ であり，多数派は α_2 を実施する誘因（$\alpha_1 < \alpha_2$）を持っている。このとき，少数派は多数派の最初の和平案 α_1 を信頼せず，最初の手番で予防戦争に出ることになる。戦争が発生する原因は，「多数派は最初の和平案 α_1 にコミットしない」と少数派が予想する点にある。

3 非対称情報と戦争

 情報が完全であれば，戦争が回避される可能性は高い．多数派は，少数派が受け入れるような提案を行い，少数派はその提案を受け入れ，戦争は回避される．しかし，情報が不完全な場合には，多数派は，少数派が受け入れるような提案を正確にはわからない．不確実性はリスクと利益のトレード・オフをもたらす．多数派はより多く譲歩すれば，戦争のリスクを低下させることができるが，得られる利得は小さくなる．反対に，その利得を多くしようとすれば，戦争のリスクを高める．合理的なアクターは戦争のリスクを合理的に受け入れる．

3.1 非対称情報下の戦争のコスト

 1) 戦争のコスト：多数派と少数派の戦争のコスト c_M, c_m の不確実性を考慮しよう．情報は非対称であり，多数派も少数派も自分の戦争のコストについては知っているが，相手の戦争のコストについてはわからないとする．戦争のコストが小さければ，戦争の期待利得，$p-c_M$ や $1-p-c_m$ は大きく，戦争の誘因が大きくなる．したがって，戦争のコストは，アクターの**戦争の決意**を測る指標でもある．非対称情報下のモデルは，互いに相手が戦争する決意の度合いがわからない状況下の政治交渉になる．

 非対称情報下で，多数派は，少数派の戦争のコスト c_m を正確には知らない．しかし，その戦争のコストについてある信念を持っているとしよう．その信念は確率分布で表される．多数派は，少数派の戦争のコストがある水準 c_{mL} 以下ではないし，またある水準 c_{mH} 以上でもないと信じている．さらに，その戦争のコストが $[c_{mL}, c_{mH}]$ の区間で一様に分布していると予想している．

 2) アクターのタイプ：不確実性下では，現状に対する不満を再定義しなければならない．少数派は，$[c_{mL}, c_{mH}]$ 区間のコストを持った無数のアクターの中の1つのタイプである．多数派は，少数派がどのタイプなのかはわからない．現状よりも戦争を選好するとき，そのアクターは現状に不満なタイプとなる．たとえば，$1-p-c_{mi}>1-q$ のとき，タイプ $c_{mi} \in [c_{mL}, c_{mH}]$ の少数派は現状に不満なタイプを表す．

現状よりも戦争を選好する機会があるアクターは，潜在的に現状に不満なタイプである。最も頑強なタイプが現状に不満であれば，そのアクターは潜在的に現状に不満なタイプである。すなわち，少数派は $1-p-c_{mL}>1-q$ のとき，潜在的に現状に不満なタイプである。

3.2 戦争の期待利得と最適戦略

多数派が提案を行うとき，多数派の期待利得は次のように計算される。多数派の期待利得＝(提案が拒否されたときの利得)×(提案が拒否される確率)＋(提案が受け入れられたときの利得)×(提案が受け入れられる確率)である。

多数派の提案が少数派に拒否される確率と受け入れられる確率は以下のようになる。少数派が多数派の提案を拒否するのは，$1-p-c_m>1-\alpha$ の場合である。これを書き換えれば，$c_m<\alpha-p$ となる。したがって，少数派がその提案を拒否する確率は，c_m が $\alpha-p$ より小さい確率である。c_m は $[c_{mL}, c_{mH}]$ の区間で一様分布している。たとえば，$\alpha-p$ の値が $[c_{mL}, c_{mH}]$ のちょうど3分の1にあれば，c_m が $\alpha-p$ より小さい確率は $1/3$ である。一般的には，少数派が提案 α を拒否し戦争に訴える確率は，$((\alpha-p)-c_{mL})/(c_{mH}-c_{mL})$ である。少数派がその提案を受け入れる確率は，$1-[((\alpha-p)-c_{mL})/(c_{mH}-c_{mL})]$ である。

多数派の期待利得は次のようになる。その提案が受け入れられれば，多数派の利得は α である。その提案が拒否され戦争になれば，多数派の利得は $p-c_M$ である。したがって，多数派の期待利得 U_M は以下のようになる。

$$U_M(\alpha) = \alpha[1-[((\alpha-p)-c_{mL})/(c_{mH}-c_{mL})]] \\ +(p-c_M)((\alpha-p)-c_{mL})/(c_{mH}-c_{mL})$$

多数派の最適戦略を検討しよう。多数派は，期待利得 $U_M(\alpha)$ を最大にするような提案 $\alpha_M{}^*$ をする。多数派の最適戦略は以下のようになる。

$$\alpha_M{}^* = \arg\max_{\alpha} U_M(\alpha) = p+[(c_{mH}-c_M)/2]$$

3.3 戦争の確率

戦争の確率は，パワーシフトとどのように関係しているだろうか。戦争が起きる確率は，提案が拒否される確率に等しい。多数派が提案する場合には，戦

図 1.5 戦争の確率

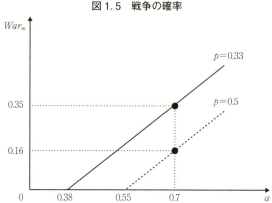

争の確率は，少数派がその提案を拒否する確率 War_m である。

$$War_m = [(\alpha - p) - c_{mL}]/(c_{mH} - c_{mL})$$

非対称情報下では，多数派の提案 α がある閾値を超えて大きくなると，少数派が戦争をする確率が上昇する。

多数派が提案し，少数派が戦争をする確率 War_m について検討しよう。図 1.5 の横軸は多数派の提案 α，縦軸は少数派が戦争をする確率 War_m を表す。ここで，右上がりの実線は，多数派の提案 α と少数派の戦争の確率 War_m の関係を表し，$c_{mH}=0.95, c_{mL}=0.05, p=0.33$ と仮定している。このとき，多数派の提案が $\alpha \leq 0.38$ の場合には，少数派はそれを拒否する誘因はないので，戦争は起きない。$\alpha > 0.38$ の場合には，α の値が大きくなるにつれ，それに比例して，少数派が戦争をする確率 War_m が上昇する。

例題 6　パワーシフトの影響

パワーシフトが戦争の確率 War_m にどのように影響するか，図 1.5 によって検討せよ。

解答：多数派に有利なパワーシフトは戦争の確率を低下させる。パワー分布 $(p, 1-p)$ が多数派に有利にシフトするとき，図 1.5 の戦争の確率を表す実線は，点線のように下方にシフトする。点線はパワー分布が $p=0.5$ の場合を表

している。多数派の要求 α が増大しても，$\alpha \leq 0.55$ までは，少数派が戦争に訴える確率はゼロである。α がそれ以上になると，少数派が戦争をする確率 War_m が上昇する。図 1.5 では，多数派の要求 α が 0.7 のとき，パワー分布が $p=0.33$ であれば，少数派は 0.35 の確率で戦争を起こす。しかし，$p=0.5$ の時には，その確率は 0.16 に低下する。多数派は，パワー分布が優位になればそれだけ，戦争を回避しながら，少数派に大きな譲歩を要求することができる。

情報の非対称性から戦争が起きる場合には，戦争回避の方法は情報開示ということになる。私的情報を保有する側が積極的に自己の情報を開示するというシグナリングが必要になる。政治交渉において，多数派が提案を行い，少数派の戦争のコストに不確実性がある場合，少数派は，戦争のコストに関する情報を開示することによって戦争を回避することができる。ただし，少数派は，戦争のコストを正直に開示するとは限らない。というのは，戦争のコストを過大に報告することによって，多数派からより大きな譲歩を引き出すことができるからである。少数派に正直に報告させるようなメカニズムデザインが必要になる。なおここでは省略したが，戦争の第3の原因として Fearon（1995）は分割不可能な利得を指摘している。

文献案内

Guide to Further Reading

Bueno de Mesquita, B.（1981）*War Trap*, New Haven: Yale University Press.
　＊戦争の期待利得について検討している。
Fearon, J.（1995）"Rationalist Explanations for War," *International Organization*, 49 (3): 379-414.
　＊分割不可能な利得を戦争の第3の原因として指摘している。
Gilpin, R.（1981）*War and Change in World Politics*, Cambridge: Cambridge University Press.
　＊ギルピンの覇権戦争論。
Grieco, J.（1988）"Anarchy and the Limits of Cooperation: A Realist Critique of the

Newest Liberal Institutionalism," *International Organization*, 42 (3): 485-507.
  ＊リアリストの相対利得に関する文献。
Jervis, R. (1979) "Cooperation under the Security Dilemma," *World Politics*, 30 (2): 167-214.
  ＊先制攻撃の優位性について議論している。
Kaldor, M. (1999) *New and Old Wars: Organized Violence in a Global Era*, Stanford: Stanford University Press（山本武彦・渡部正樹訳『新戦争論——グローバル時代の組織的暴力——』岩波書店，2003年）．
  ＊グローバル時代におけるテロや内戦などの新しい戦争について論じている。
Powell, R. (1999) *In the Shadow of Power: States and Strategies in International Politics*, Princeton: Princeton University Press.
  ＊戦争と政治交渉をゲーム理論によって分析する研究書。
石黒馨（2010）『インセンティブな国際政治学——戦争は合理的に選択される——』日本評論社。
  ＊戦争・和平交渉・民主化などをゲーム理論によって分析している。

第2章
内戦への国際介入は有効か

> **パズル**：多くの内戦に国際社会は軍事介入してきた。内戦へのこのような国際社会の介入は有効だろうか。
>
> **解答**：国際社会の介入が内戦を回避させるためには，少数派の拒否権を機能的に代替するような合意や制度をデザインする必要がある。多数派の要求増大を相殺するように，国際社会が多数派にペナルティを科すことができれば，内戦を回避することができる。国際社会は，第2次世界大戦後，組織化された暴力を主権国家を基礎とする分権的領域秩序によって抑制しようとしてきた。この分権的領域秩序のもとで2つの原則を各国は承認した。第1は，国家主権の原則であり，国境の内側では暴力を正当に行使しうる唯一の主体として国家を認めた。第2は，内政不干渉の原則であり，国境を越えて暴力を行使することを基本的に禁止した。冷戦後の内戦と国際介入は，この秩序原則に新たな課題を提起したことになる。

Keywords
コソボ紛争，内戦，パワーシフト，コミットメント，少数派の拒否権，コンディショナリティ，ペナルティ，社会主義連邦の解体，援助政策の変更，和平合意の失敗

1 コソボ紛争と国際介入

1999年3月24日，NATOは，コソボにおけるアルバニア系住民の人権擁護を理由にユーゴスラビアに空爆を開始した。NATOの空爆は，同年6月9日のNATO軍とユーゴ連邦軍との間で調印された撤退協定，すなわちユーゴ連邦軍とセルビア治安部隊のコソボからの全面撤退とNATOの空爆停止に関する協定の成立まで続けられた。

コソボ紛争は，ユーゴ国内のセルビア系住民とアルバニア系住民との自治権をめぐる国内紛争である。少数派のアルバニア系住民が自治権の拡大を要求したのに対して，セルビア系のユーゴ政府が抑圧を強化した。これに対して，アルバニア系の武装組織であるコソボ解放軍が武力活動を活発化させ，ユーゴ政府がそれを武力で抑えようとして内戦になった。NATOを中心にした国際社会は人道的理由をもとに軍事介入した。

1) 民族対立の歴史：コソボは，ユーゴスラビア連邦セルビア共和国の自治州であった。セルビア共和国は人口約1050万人の圧倒的多数をセルビア人が占めていたが，コソボはNATO空爆前の人口約200万人のうち9割をアルバニア人が占めていた。宗教的には，セルビア人はキリスト教徒（東方正教）が多く，アルバニア人はイスラム教徒が多い。

1945年11月，ユーゴスラビア連邦人民共和国が建国されたとき，コソボはユーゴ連邦のセルビア共和国の一地域となる。1974年1月に，連邦憲法改正によりコソボは，セルビア共和国内の自治州として共和国並の権限を獲得した。しかし，1980年代に長年の民族対立が表面化し，1981年3月，アルバニア系住民がコソボの自治権拡大＝コソボ共和国の樹立を目指し大規模なデモを行った。これに対して，セルビア人はセルビア各地で反アルバニアの抗議集会を行った。このようなセルビア人の民族的不満を利用しながら，1987年にミロシェビッチ（Milošević, S.: 1941-2006）がセルビア共和国の幹部会議長に就任した。

2) 民族対立の激化：コソボ紛争の直接的な契機になったのは1989年のコソボの自治権制限である。1989年3月に，ミロシェビッチがコソボの自治権を制限し，1990年7月には，セルビア共和国議会がコソボ自治州の議会・政府の解

図 2.1　旧ユーゴスラビアとコソボ

散を宣言した。さらに，同年 9 月には自治州の権限を制限するセルビア共和国新憲法が制定された。こうした動きの中で同年 12 月，ミロシェビッチがセルビア共和国の初代大統領に選出された。他方コソボでは，1991 年 9 月，アルバニア系住民投票の結果，コソボ共和国の独立宣言が行われた。

　ミロシェビッチはさらに，1997 年 7 月にユーゴ大統領に選出される。この時期からアルバニア系組織の武力活動が公然化された。これに対して，1998 年 2 月頃からセルビア治安部隊がアルバニア系武装組織の掃討作戦を開始し，内戦状態に入る。この中でアルバニア系住民に対する虐殺が行われ，国際社会がコソボ紛争に注目した。セルビア人による民族浄化に対して，国際社会は人道的介入を検討し始める。

　3) 国際社会の介入：国際社会がコソボ紛争に介入し始めたのは 1998 年からである。国連は，1998 年 3 月と 9 月に安保理決議によって即時停戦と対話再開を求めた。同年 10 月，NATO は，ユーゴ政府に国連安保理決議の受入を要求し，臨戦態勢に入った。1999 年 2 月，フランスのランブイエでユーゴ政府とアルバニア系住民代表との間でコソボ暫定自治の枠組みに関して和平交渉が行われた。このランブイエ和平案について，コソボ解放軍は承諾したが，ユーゴ政府は拒否した。

　NATO は，1999 年 3 月 24 日，国連安保理の決議を待つことなく空爆を開始した。空爆は，同年 6 月 3 日に米国・EU・ロシアが提案した「コソボ和平案」にミロシェビッチ大統領が同意するまで続けられた。コソボ和平案は，①コソ

表 2.1　コソボの民族対立

年月	コソボ情勢の推移
1974.1	コソボ，1974 年連邦憲法で自治権獲得
1981.3	アルバニア系住民，コソボ共和国の樹立を要求
1989.3	ミロシェビッチ幹部会議長，コソボの自治権を制限
1990.7	セルビア共和国議会，コソボの政府・議会の解散を宣言
1991.9	アルバニア系住民投票の結果，コソボ共和国の独立宣言
1997.7	ミロシェビッチがユーゴ大統領に就任，コソボ内戦へ
1998.9	国連安保理決議 1199，NATO が臨戦態勢
1999.3	NATO のユーゴ空爆
1999.6	コソボ和平条約締結，国連安保理決議 1244
2008.2	コソボ共和国，独立宣言

ボでの戦闘停止，②コソボからのセルビア治安部隊・ユーゴ連邦軍の完全撤退，③国連の国際平和維持部隊の派遣，④コソボに国連暫定統治機構の設置，⑤コソボ解放軍の非武装化などを骨子としていた。

1999 年 6 月 10 日の国連安保理のコソボ和平決議 1244 では，コソボは，自治権拡大は認められるが独立は認められず，ユーゴ連邦の自治州としてとどまることが確認された。その後，2008 年 2 月 17 日，コソボ共和国は独立を宣言した。

2　内戦と国際介入の分析枠組み

冷戦の終結は，社会主義連邦の解体によって，境界の内側におけるパワーシフトを引き起こした。このパワーシフトによって，政治対立が内戦へとエスカレートするメカニズムを検討し，さらに内戦への国際介入の有効性を検討するための簡単なモデルを構成しよう。

このゲームは，最初に，少数派が予防戦争に出るか否かを選択する。次に，少数派が予防戦争に出なければ，多数派は和平案を提案する。少数派はその和平案を受け入れるか否かを決定する。最後に，両者が和平案に合意すれば，国際社会は，多数派の和平案とコンディショナリティをもとに多数派に科すペナルティを決定する（図 2.2 を参照）。

1) アクター：主要なアクターは，多数派 M，少数派 m，国際社会 I である。

図 2.2　内戦への国際介入

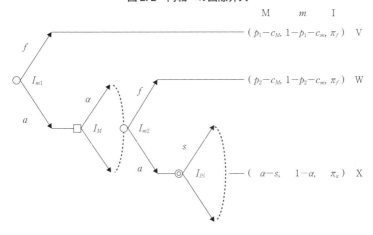

多数派と少数派は，政治権限の配分を巡って対立している．多数派も少数派も政治権限を拡大することを目的としている．国際社会の目的は，国内紛争を回避することであり，どちらかを一方的に支援することではない．

2) 行動空間：多数派は，少数派の政治権限拡大の要求に対して，どのような和平案 α を提示するかを決める．ここで，和平案 $\alpha \in [0,1]$ は，大きさ 1 の政治権限を多数派に配分する比率を表す．その提案次第では，少数派が軍事行動を起こしたり，国際社会が多数派にペナルティを科したりする可能性がある．

少数派には 2 回意思決定の機会がある．少数派の最初の行動は，多数派の和平協議を受け入れる (a) か，それを拒否して予防戦争に訴える (f) かである．2 回目の行動は，多数派の和平案 α を受け入れる (a) か，拒否して軍事行動に出る (f) かである．

国際社会の行動は，多数派と少数派の和平交渉の際に，多数派の和平案にどのようなコンディショナリティ α^0 をつけ，それが満たされなければどのようなペナルティ s を科すかである．国際社会のペナルティには，経済制裁から軍事制裁まで多様な形態がある．

3) 国内状態：多数派と少数派および国際社会の行動によって，3 つの結果が生じる．第 1 は，少数派が予防戦争に訴える場合（V：予防戦争）である．第 2 は，少数派が多数派の和平案を拒否し，戦争を起こす場合（W：軍事対立）で

ある。第3は，多数派の和平案を少数派が受け入れ，国際社会が介入する場合（X：国際介入）である。国際社会は，多数派の和平案がコンディショナリティを満たす場合 X_0 にはペナルティを科さないが，それを満たさない場合 X_1 には多数派にペナルティを科す。

 4) 多数派の利得：内戦が発生する場合に，多数派が最初の予防戦争で勝つ確率を p_1，その後の戦争で勝つ確率を p_2 とする。多数派の利得は，戦争に勝つ場合 1，戦争に負ける場合 0 である。多数派の戦争のコストは c_M とする。多数派が戦争で勝つ確率 $p_i(i=1,2)$ は，予防戦争 V よりは軍事対立 W のほうが大きいとする（$p_1 < p_2$）。これは，時間の経過と共に多数派に有利にパワーシフトがあるからである。

 このとき，多数派の期待利得は，予防戦争 V の場合は $p_1 - c_M$ となり，軍事対立 W の場合は $p_2 - c_M$ となる。少数派が和平案 α を容認する場合 X には，多数派の利得は $\alpha - s$ となる。ここで，$s \geq 0$ である。s は国際社会のペナルティである。

 5) 少数派の利得：内戦が起きる場合に，少数派が予防戦争で勝つ確率は $1-p_1$，その後の戦争で勝つ確率は $1-p_2$ である。少数派の利得は，戦争に勝つ場合 1，戦争に負ける場合 0 であり，少数派の戦争のコストは c_m とする。このとき，少数派の期待利得は，予防戦争 V の場合は $1-p_1-c_m$，軍事対立 W の場合は $1-p_2-c_m$ である。多数派の和平案 α を受け入れる場合には，少数派の利得は $1-\alpha$ である。

 6) 国際社会の利得：内戦が発生する場合（V, W）の国際社会の利得を π_f，和平案が実施される場合 X の利得を π_a とする。和平合意における国際社会の利得 π_a は，多数派が実施する和平案の内容によって異なる。多数派の和平案がコンディショナリティ α^0 を満たせば，ペナルティ s を科す必要はなく，このときの利得を π_{a0} とする。多数派がコンディショナリティ α^0 を満たさなければ，ペナルティ s を科す。このときの利得は π_{a1} とする。ペナルティを科すためにはコストを負担しなければならないので，$\pi_{a0} > \pi_{a1}$ とする。

3 内戦と内戦回避の条件

3.1 パワーシフトと内戦

　国際社会が介入しない場合に，政治対立が内戦にエスカレートする過程をパワーシフトによって検討しよう（図2.3を参照）。対立する両者の間にパワーシフトがある場合には，少数派が受け入れるような和平案を多数派が最初に提示したとしても，その後の段階で多数派がそれを履行するという保証はない（コミットメント問題）。このようなコミットメント問題があるとき，少数派は武力行使に出る。

　1）内戦の発生：少数派は，最後の手番（情報集合I_{m2}）において和平案の受け入れと戦争のどちらを選択するだろうか。少数派は，和平案を受け入れれば$1-\alpha$の利得を得るが，戦争をすれば$1-p_2-c_m$の期待利得を得る。和平案の受入と戦争の利得が等しい場合には，和平案を受け入れるとしよう。このとき，少数派の選択は，多数派が提示する和平案αの値に依存し，次のようになる。

　　少数派　$1-\alpha \geq 1-p_2-c_m$（すなわち$\alpha \leq p_2+c_m$）なら，和平案を受け入れる。
　　　　　　$\alpha < 1-p_2-c_m$（すなわち$\alpha > p_2+c_m$）なら，和平案を拒否する。

　多数派は，このような少数派の行動を予想しながら，和平案αを提案する。多数派は，αを大きく設定するほど，その利得αを大きくすることができる。しかし，αを大きくし過ぎると，少数派が戦争を起こす。多数派の和平案αは以下のようになる。

　　多数派　$\alpha = p_2+c_m$を提案する。

このとき，多数派の利得は，少数派が戦争を起こした場合はp_2-c_M，和平合意の場合は$\alpha=p_2+c_m$である。よって，多数派は，少数派が和平案に合意することを望む。

　少数派は，このような多数派の和平案αを予想しながら，最初の手番で最適な行動を選択する。少数派の利得は，予防戦争に出た場合は$1-p_1-c_m$，和平案を受け入れた場合は$1-\alpha=1-p_2-c_m$である。多数派に有利にパワーシフ

図 2.3 パワーシフトと内戦

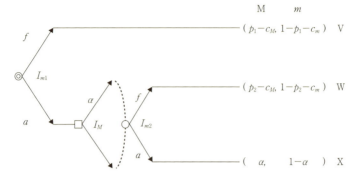

トが起きるという $p_1 < p_2$ の仮定から，少数派は，パワーシフトが起きる前に最初の手番で予防戦争に出ることになる。こうして，内戦が勃発する。

2) コミットメント問題：多数派が，予防戦争を回避するために，最初に少数派に有利な提案（$a_1 = p_1 + c_m$）をするとしよう。しかしその後，多数派に有利にパワーシフトが起きると，多数派は，新たな提案（$a_2 = p_2 + c_m$）をする誘因を持つ。このとき，少数派は，多数派の最初の提案 a_1 を信頼せず，最初の手番で予防戦争に出ることになる。このように内戦が発生する原因は，「多数派が最初の提案にコミットしない」と少数派が予想する点にある。

内戦の回避は，多数派と少数派の両者にとって共通の利益である。予防戦争の場合と内戦回避（和平合意）の場合の両者の利得を比較しよう。内戦を回避すれば，多数派は，少数派の利得を減少させることなく，その利得を $p_1 - c_M$ から $p_1 + c_m$ へ増大させることができる。両者にとって共通の利益があるにもかかわらず，多数派の最初の提案に信頼性がないために，内戦が勃発することになる。

3.2 内戦回避の条件

パワーシフトがある場合，多数派が，その要求の増大（a_1 から a_2 へ）を自制することは難しい。たとえ多数派がその要求を自制すると約束しても，その約束に信頼性がない。このような状況で，少数派による予防戦争を回避するには，多数派による要求の増大を抑制するようなメカニズムをデザインする必要があ

る。そのようなメカニズムの1つは，多数派の要求の増大を拒否する権限を少数派に与えるようなものである。

1）少数派の拒否権：少数派は，最後の手番（情報集合 I_{m2}）において多数派の和平案を受諾する場合に，その提案を無条件に受け入れるのではなく，ある水準以上の要求に対して拒否権を行使することができるとしよう。

多数派が最初に和平案 α_1 を提示し，その提案に信頼性があれば，少数派には予防戦争に出る誘因はない。ということは，多数派が最初の和平案 α_1 以上にその要求 α を増大すれば，それに対して多数派にペナルティを科すような制度を設計すれば，コミットメント問題は解決される。そのような制度は以下のように表すことができる。

$$v = \begin{cases} 0, & \alpha \leq \alpha_1 \text{ のとき} \\ \alpha - \alpha_1, & \alpha > \alpha_1 \text{ のとき} \end{cases}$$

ここで v は，多数派に対するペナルティである。このような制度のもとで，多数派の利得は，その提案 α に応じて $\alpha - v(\alpha)$ となり，少数派の利得は $1 - \alpha$ となる。

2）拒否権の効果：図 2.4 は，少数派の拒否権が多数派の利得に及ぼす効果を表す。縦軸は多数派の利得 $\alpha - v(\alpha)$，横軸は多数派の和平案 α を表す。太い実線は多数派の利得，太い点線は多数派に対するペナルティを表す。多数派がその要求を α_1 から α_2 へと引き上げれば，多数派に $v(\alpha_2) = \alpha_2 - \alpha_1$ のペナルティが科される。このとき，多数派は，$\alpha_2 - v(\alpha_2) = \alpha_1$ の利得を得るので，あえて α_1 を越える提案をする誘因を持たない。少数派の利得は，このとき $1 - \alpha_1$ である。

少数派に拒否権がある場合，多数派は和平案 α_1 を提案し，少数派は和平案 α_1 を受け入れる。少数派に最後の手番が回ってくるとき，和平案に対する少数派の最適応答は，国際介入がない場合と同じである。このような少数派の行動を予想し，かつ拒否権の存在を考慮した上で，多数派は，利得を最大化する和平案 α_1 を提示する。このとき，最初の手番において予防戦争に訴える誘因を少数派は持たず，内戦は回避される。

少数派に拒否権を与える制度は，多数派の最初の和平案 α_1 に信頼性を与え，コミットメント問題を解決するものである。このような制度は，多数派の利益

図 2.4 少数派の拒否権と多数派の利得

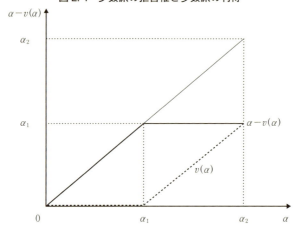

に反するどころか，紛争回避によってその利益となる。というのは，多数派の紛争回避の利得 $\alpha_1 = p_1 + c_m$ は紛争の利得 $p_1 - c_M$ よりも大きいからである。したがって，多数派はこのような拒否権を少数派に与える制度の構築に同意するだろう。

4 内戦への国際介入

多数派と少数派の和平交渉に国際社会が介入する場合に，和平合意が実現し，内戦が回避される条件について検討しよう。

4.1 国際社会の介入

国際社会は，多数派の和平案の実施に以下のようなコンディショナリティ α^0 とペナルティ s をつけるとしよう。これらは，少数派に拒否権を与える制度と同じようにコミットメント問題を解決し，多数派の和平案に信頼性を与えるものである。

$$\alpha^0 = \alpha_1 \qquad \cdots\cdots ①$$

$$s = \begin{cases} 0, & \alpha \leq \alpha^0 \text{ のとき} \\ \alpha - \alpha^0, & \alpha > \alpha^0 \text{ のとき} \end{cases} \quad \cdots\cdots ②$$

 国際社会は，少数派が最初の手番で予防戦争に出ないような和平案α_1を**コンディショナリティ**α^0として多数派に課す。このコンディショナリティα^0がα_1より大きいと，少数派の予防戦争を回避することはできない。国際社会は，多数派の和平案αがコンディショナリティα^0を満たす限りは($\alpha \leq \alpha^0$)，多数派にペナルティを科さない($s=0$)。しかし，この条件を満たさない場合には($\alpha > \alpha^0$)，多数派にペナルティを科すことになる($s>0$)。ペナルティsの大きさは，多数派の提案するαの値に依存して決定される。

 このような国際社会の介入に対して，多数派はどのような和平案αを提示するだろうか。多数派は，国際社会のコンディショナリティを満たせばαの利得を得るが，それを満たさなければα_2-sの利得を得る。多数派は，コンディショナリティを考慮しなければ，少数派との戦争を回避する条件α_2を提示するだろう。2つの状態の利得が等しいときには，コンディショナリティを受け入れるとする。このとき，多数派がコンディショナリティα^0を受け入れる条件は，$s \geq -\alpha + \alpha_2$である。また，少数派が最初の手番で和平案を受け入れる条件は$\alpha \leq \alpha_1$である。多数派がこれらの条件を満たすような和平案αを提案すれば，内戦は回避され，国際社会のペナルティもない。

 図2.5の横軸は多数派の和平案α，縦軸は国際社会のペナルティsを表す。内戦を回避するようなコンディショナリティとペナルティ(α^0, s^0)は点Aで表される。$(\alpha^0, (a,a), 0)$は，内戦を回避するような戦略の組である。多数派は，少数派が和平案を受け入れ，かつ国際社会が課すコンディショナリティを満たすような和平案$\alpha = \alpha^0 = \alpha_1$を提案する。このような提案に対して，少数派は，予防戦争や軍事行動の誘因を持たない(a,a)。また国際社会は何らペナルティを科さない($s^0=0$)。多数派がコンディショナリティを満たしている限り，国際社会は，ペナルティを科すことによるコストを負担する必要もない。

4.2　コンディショナリティとペナルティ

 国際社会が多数派に課すコンディショナリティα^0とペナルティs^0は，以下

図2.5 コンディショナリティとペナルテ

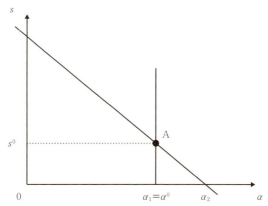

のように初期条件（パラメータ）によって異なる。

$$\begin{cases} s^0 = \alpha_2 - \alpha_1 = p_2 - p_1 \\ \alpha^0 = p_1 + c_m \end{cases} \quad \cdots\cdots ③$$

例題1　パラメータ変化の効果

パラメータ (p_1, p_2, c_m) が変化した場合に，コンディショナリティ α^0 とペナルティ s^0 に及ぼす影響を示せ。

解答：表2.2は，パラメータの変化がコンディショナリティ α^0 とペナルティ s^0 に及ぼす影響を表したものである。

多数派が予防戦争で勝つ確率 p_1 が大きくなると，コンディショナリティ α^0 の値は大きく，多数派へのペナルティ s^0 は小さくなる。ただし，p_1 が十分に大きい場合（$1-p_1-c_m<0$），少数派は予防戦争に出る誘因を失い，コミットメント問題自体が存在しなくなる。

パワーシフトの結果，多数派が戦争で勝つ確率 p_2 が大きくなる場合，コンディショナリティ α^0 の値は変わらない。しかし，多数派に対するペナルティ s^0 は大きくなる。コンディショナリティ α^0 は，予防戦争時のパワー分布 p_1 に影響を受けるが，その後の戦争時のパワー分布 p_2 には影響を受けない。ペナルティ s^0 は p_2-p_1 の大きさによって影響を受ける。

表 2.2 パラメータ変化の影響

	p_1	p_2	c_m
s^0	−	+	0
α^0	+	0	+

少数派の戦争のコスト c_m が大きい場合には，コンディショナリティ α^0 の値は大きくなるが，多数派に対するペナルティ s^0 は変化しない．

5 国際介入の失敗？

内戦への国際介入の有効性について検討しよう．以下では，①社会主義連邦の解体と援助政策の変更，②和平合意の失敗，③国際社会の介入の信頼性について検討する．

5.1 社会主義連邦の解体と援助政策の変更

冷戦後の内戦の原因として，社会主義連邦の解体と，冷戦戦略の一環として実施された発展途上国への援助政策の変更を指摘することができる．冷戦後の内戦は，旧社会主義諸国やアジア・アフリカの発展途上国に集中した．この地域的特殊性は，政治対立が内戦へとエスカレートする条件としての境界内の急激なパワーシフトと関係している．これは，冷戦下の $p_1 = p_2$ から冷戦後の $p_1 < p_2$ への変化で表される．

例題 2　社会主義連邦の解体と内戦

社会主義連邦の解体が内戦を引き起こす状況について図 2.6 を用いて示せ．

解答：社会主義連邦の構成単位（たとえば共和国）が独立を達成する過程において，独立後に少数派となる集団が将来の政治的不安（政治権限の縮小）から内戦に至る場合がある（p_2 の上昇の結果，$p_1 < p_2$）．このような内戦は，ユーゴ連邦のクロアチア，ボスニア，コソボなどで観察された．

図 2.6 の点 A は社会主義連邦解体前の現状＝内戦回避の状態（$\alpha^0, s^0 = 0$）を表し，点 B は社会主義連邦解体後の内戦回避の条件（$\alpha^0, s^0 = s^B$）を表す．社会主義連邦の解体によって，各共和国の多数派が権力基盤の強化によってその要

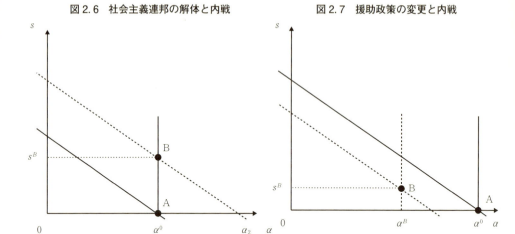

図2.6 社会主義連邦の解体と内戦　　図2.7 援助政策の変更と内戦

求を α^0 から α_2 へ増大させると，少数派は予想した（コミットメント問題）。このとき，国際社会が解体以前と同様に介入しなければ（$s^0=0$），内戦回避のためには多数派に対するペナルティは過少になる。こうして少数派は，多数派がその要求を増大する前に予防戦争に出ることになる。

例題3　援助政策の変更と内戦

冷戦後の援助政策の転換が内戦を引き起こす状況について図2.7を用いて示せ。

解答：冷戦期の発展途上国への援助政策は，冷戦終結を機に大きく転換した。その結果，発展途上国内のパワー分布を変え，内戦を引き起こす場合があった。援助政策の転換は，援助額の削減という量的な変化だけではなく，民主化のような政治的コンディショナリティによって質的な変化をもたらした。このような援助政策の転換によって，政府勢力と反政府勢力のパワー分布に大きな変化が現れた（p_1 が十分に大きく低下した結果，$p_1<p_2$）。

図2.7の点 A は援助政策変更前の現状＝内戦回避の状態（$\alpha^0, s^0=0$）を表し，点 B は援助政策変更後の内戦回避の条件（$\alpha^B, s^0=s^B$）を表す。援助政策の変更によって多数派に不利にパワーシフトが起きたにもかかわらず，多数派がその要求を α^0 から十分に引き下げないと，少数派は予防戦争に出ることになる。

このとき国際社会が十分に介入しなければ ($s<s^B$)，内戦を回避できない。このような内戦の例にスーダンやソマリアがある。

5.2 和平合意の失敗

　国際社会の介入は必ずしも内戦を回避する和平合意を導けない場合がある。現実の紛争では，戦場における紛争当事者が和平交渉の場における交渉当事者になるとは限らない。このとき，コミットメント問題を解決できないような和平合意が行われる可能性がある。

例題4　和平合意の失敗

　和平合意が失敗する場合について図2.8を用いて示せ。

　解答：図2.8の点Aは内戦回避に必要な和平合意 (α^0, s^0) を表し，点Bは内戦を回避できない和平合意 (α^B, s^B) を表す。点Bのような和平合意では，国際介入が十分ではない ($s^B<s^0$)。また和平合意において多数派が過大な要求 ($\alpha^B>\alpha^0$) をすることになる。少数派はそれを予想して，和平合意後に予防戦争に出る。こうして，和平合意は失敗する。

　国際社会が和平交渉に関与する場合に，有力な勢力が排除されたり，紛争の当事者以外の勢力が参加したりする場合がある。正統政府が存続する場合には，和平交渉の場にどの勢力の参加を認めるかという点について，当該政府が事実上の拒否権を持つことがある。その結果，ルワンダ内戦の際の「アルーシャ協定」(1993年8月) のように，有力な紛争勢力を交渉の席から排除し，彼らが遵守できないような和平合意が行われることがある。

5.3 国際社会の介入の信頼性

　国際社会は，内戦回避の条件 (α^0, s^0) をもとに内戦につねに介入するとは限らない。このモデルでは，$\pi_{a1}>\pi_f$ を仮定しているが，実際には $\pi_{a1}<\pi_f$ の可能性もある。このとき，国際社会は内戦に介入しない。このような場合には，コミットメント問題の解決は困難になり，内戦を回避できない。国際介入の信頼性については次の点に注意する必要がある。

　第1に，国際介入の信頼性は，国際社会にとって当該地域の平和を維持する

50　　　　　　　　　　第Ⅰ部　戦　　争

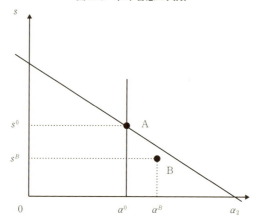

図2.8　和平合意の失敗

ことの便益とその介入のコストに依存する。平和維持の便益が小さく，介入のコストが大きければそれだけ，国際介入は行われず，内戦は放置される。

　第2に，国際介入の信頼性については，**フリーライダー**という点からの検討も必要になる。当該地域の平和は公共財の性格を持つ場合がある。このとき，介入のコストを国家間の合意に基づいて分担する場合，他国の自発的負担にただ乗りしようとする誘因が生まれる。フリーライダー問題が深刻であればそれだけ，国際介入の信頼性は低下する。

文献案内

Guide to Further Reading

Chomsky, N.（1999）*The New Military Humanism: Lessons from Kosovo*, Monroe: Common Courage Press（益岡賢ほか訳『アメリカの「人道的」軍事主義』現代企画室，2002年）.
　＊コソボ紛争への米国の人道的介入について批判的に検討している。

Ishiguro, K. & K. Yamamoto（2018）"Role of Third-Party Guarantors in Uncertainty of Preventive Civil War: Can Thucydides Trap Be Resolved?" in M. Tadokoro *et al.* eds., *Emerging Risks in a World of Heterogeneity: Interactions among Countries*

with Different sizes, Polities and Societies, Singapore: Springer, 109-134.
  ＊不確実性下の内戦への国際介入について検討している。
最上敏樹（2001）『人道的介入――正義の武力行使はあるか――』岩波書店。
  ＊人道的介入に関するわかりやすい文献。

第3章
和平合意は内戦を回避できるか

　パズル：和平合意を結べば，内戦は回避できるだろうか。1993年のオスロ合意以降，イスラエルとパレスチナの和平交渉は，イスラエルとパレスチナの国際交渉（国際政治）と，パレスチナ内部におけるPLOとハマスとの国内交渉（国内政治）が相互に関係しながら同時に進行してきた。イスラエルとパレスチナの和平交渉は，パレスチナ内部のPLOとハマスの内戦を回避することができるだろうか。

　解答：和平交渉において，強硬な少数派が主導権を握ると，内戦が起きる可能性がある。第1に，和平合意が実現するためには，外国政府（イスラエル）も少数派（ハマス）も武力紛争の意思が十分に弱くなければならない。第2に，外国政府か少数派が強硬な場合，多数派（PLO）が主導権を握るとイスラエルと戦争になる可能性があり，少数派が主導権を握ると内戦になる可能性がある。第3に，外国政府か少数派が強硬な場合に，戦争や内戦を回避し和平合意を実現するためには，国際社会が適切に関与する必要がある。

Keywords
和平交渉, オスロ合意, PLO, ハマス, 多数派主導, パットナムの命題, 少数派主導, コミットメント問題, 逆第2イメージ論, 国際社会の関与

1 イスラエル・パレスチナ和平交渉

イスラエルと PLO（Palestine Liberation Organization）は，1993年のオスロ合意ではじめてゲームのプレイヤーとして相互に承認し，パレスチナ占領地域からのイスラエルの撤退と平和共存を約束した。以下，おもにオスロ合意以降の和平交渉について検討しよう（表 3.1 を参照）。

1.1 イスラエル・パレスチナ和平交渉

1) 和平交渉のプレイヤー：イスラエル・パレスチナ和平交渉の主要なプレイヤーは，イスラエル政府，パレスチナ側の PLO（多数派）とハマス（少数派）である。

1947年11月，国連総会でパレスチナ分割決議 181（Ⅱ）案が採択された。この決議をもとに，イスラエルは 1948年5月14日に独立を宣言した。イスラエルは，この 1948年の建国以来，パレスチナの領土を支配し，とくに 1967年6月の第3次中東戦争で大幅に占領地域を拡大した（イスラエルの植民地主義）。イスラエル国内には，穏健で交渉促進派の労働党と，全パレスチナ支配を掲げる強硬派のリクードやカディマが存在し，誰が政権を担当するかによってパレスチナ政策は異なる。

PLO は，1993年9月のオスロ合意以降，パレスチナ問題の主要なアクターとして米国とイスラエルに認められた。PLO は，1964年5月に設立され，1969年2月にアラファト（Yasser Arafat: 1929-2004）が議長に就任した。1974年10月のアラブ首脳会議で，パレスチナ解放の唯一正統な代表と認められた。1974年11月のアラファト議長の国連演説後，国連総会は PLO に正当な代表権を与えた。1988年12月，PLO は，キッシンジャーが提示した3条件──①イスラエルの承認，②国連安保理決議 242 と 338 の受入，③テロの放棄──を受け入れた。

ハマス（Hamas）は，1987年12月にムスリム同胞団のなかに結成されたイスラム闘争部隊であり，PLO と政治的立場を異にし，イスラエルを認めていない。イスラエルからの全パレスチナの解放を目指し，オスロ合意にも反対した。

図 3.1 イスラエルとパレスチナ

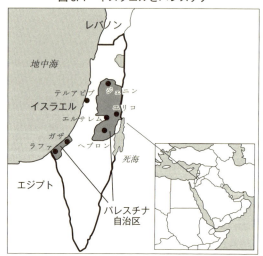

表 3.1 イスラエル・パレスチナ和平交渉

年月	和平動向	イスラエル政権	パレスチナ主流派
1993.9	オスロ合意	労働党	PLO
1997.1	ヘブロン合意	リクード	PLO
1998.10	ワイ・リバー合意	リクード	PLO
1999.9	シャルム・エル・シェイク覚書	労働党	PLO
2001.2	シャロン政権（イスラエル）	リクード	PLO
2001.10	イスラエル・パレスチナ武力紛争	リクード	PLO
2006.1	ハマス，評議会選挙で勝利	カディマ	PLO/ハマス
2007.6	ハマスとファタハの武力紛争	カディマ	PLO/ハマス
2017.10	ハマスとファタハ，分裂解消で合意	リクード	PLO/ハマス

PLO 主流派のファタハ（Fatah）とは対イスラエル政策を巡って対立し，武力紛争を引き起こしてきた。2007 年 6 月，ハマスは，パレスチナ自治政府のガザ地区を武力で占拠した。

2）和平交渉の原則と課題：1991 年 10 月のマドリード中東和平会議で，イスラエルが占領しているアラブ領土を返還すれば，それと交換にアラブ諸国はイスラエルと和平条約の締結など関係正常化を進めるという「領土と和平の交換」原則（1967 年 11 月の安保理決議 242）が確認された。この原則は，1991 年

3月にブッシュ大統領が言及し，これ以降，米国の基本的立場になった。

1993年のオスロ交渉以降，イスラエルとパレスチナの和平交渉は，以下のような点を中心に行われた。①パレスチナ占領地域からのイスラエルの撤退，②パレスチナ人の暫定自治政府の樹立と自治区内の治安維持，③最終的地位——パレスチナ独立国家，エルサレムの帰属，ユダヤ人入植地，難民の帰還，国境の確定など——に関する協議である。

1993年9月の**オスロ合意**の内容は以下の通りである。①ガザとエリコからのイスラエル占領軍の撤退，②パレスチナ人の暫定自治（5年間），評議会選挙の9ヵ月以内の実施，暫定自治のガザとエリコからの先行実施，③暫定自治区における治安管理，④最終的地位——パレスチナ独立国家，エルサレムの帰属，ユダヤ人入植地，約300万人の難民の帰還，国境の確定など——に関する交渉開始である。

3) オスロ合意以降：1993年9月のオスロ合意以降，1999年9月のシャルム・エル・シェイク覚書に至る時期は和平合意の時代である。この間，イスラエルでは和平推進派の労働党が政権を担当するか，労働党以外が政権を担当した時期は米国のイスラエルに対する圧力が存在した。パレスチナではPLOがハマスの活動を抑制していた。

1996年5月，強硬派リクードのネタニヤフ（Netanyahu, B.）がイスラエルの首相になった。ネタニヤフは同年7月に，マドリード中東和平会議の「領土と和平の交換」原則を否定する発言を行った。またオスロ合意を批判し，アラファトPLO議長との交渉を拒否した。このような強硬派のネタニヤフ政権下で，1997年1月のヘブロン合意や1998年10月のワイ・リバー合意が可能になった背景には，米国クリントン大統領の関与があった。

2001年2月，イスラエルでは強硬派のシャロン政権が成立し，両者の関係は，和平合意の時代から戦争の時代に移行した。さらに2006年1月には，パレスチナ評議会選挙でハマスが勝利し，ハマスの影響力が増大した。これ以降，ハマスとPLO主流派のファタハの間で武力衝突が起き，パレスチナ内戦の時代に移行した。10年余りの確執の後，2017年10月，ハマスとファタハは分裂解消で合意した。

2 和平合意・戦争・内戦のモデル

イスラエル・パレスチナ和平交渉に関するモデルを構成しよう。ここでの分析の目的は、第1に、イスラエルとパレスチナとの国際関係と、パレスチナ内部のPLOとハマスとの関係を同時に分析することである。第2に、和平合意・対外戦争・内戦を1つの統一した枠組みによって整合的に分析することである。

このモデルでは、イスラエル・パレスチナ間の関係に影響を及ぼす国内政治（ハマス）の役割や、パレスチナ内部のPLOとハマスの関係に影響を及ぼす国際政治（イスラエル）の役割など、国際政治と国内政治の共振のメカニズムを明らかにする。また、1993年のオスロ合意以降の和平推進、2001年以降のイスラエルとパレスチナとの戦争、2006年以降のパレスチナ内部の内戦を1つのモデルで分析する。

1) アクター：このゲームには3人のアクターがいる。国内の多数派 M、国内の少数派 m、外国政府 F である。自国と外国は、政治空間（分権的領域）の再編を巡って対立している。多数派は、自国政府を代表し、外国政府と政治空間の再編について交渉する。多数派も外国政府も、政治空間を拡大することを目的としている。多数派と少数派は、国内における政治権限の配分を巡って対立している。

イスラエル・パレスチナ和平交渉の事例では、多数派は PLO、外国政府はイスラエル政府、少数派はハマスが想定される。イスラエルとパレスチナは、イスラエルのパレスチナ占領地域からの撤退、パレスチナ暫定自治政府の権限、最終的地位などを巡って対立している。和平推進派の PLO と和平反対派のハマスは、対イスラエル政策をめぐって対立している。

2) 行動空間：多数派と少数派および外国政府の選択肢をそれぞれ次のように想定しよう。多数派は和平交渉の提案者であり、外国政府との政治交渉においてどのような和平案 a を提案するかを決める。ここで、和平案 $a \in [0, 1]$ は、大きさ1の政治空間を自国に配分する比率を表す。その提案次第では、外国政府と戦争になったり、少数派と内戦になったりする可能性がある。

外国政府は**拒否権プレイヤー**であり，その選択肢は，多数派の和平案 α を受け入れる（a）か，それを拒否し戦争をする（f）かである。少数派は国内の拒否権プレイヤーであり，その選択肢は，多数派と外国政府との和平交渉の際に，多数派の和平案 α を受け入れる（a）か，それを拒否し武力紛争に訴える（f）かである。

3) 政治状態：多数派と少数派および外国政府の意思決定によって，3つの結果が生じる。第1は，外国政府が多数派の和平案を受け入れず，戦争に訴える場合（W：戦争）である。第2は，少数派が多数派の和平案を受け入れず，内戦が発生する場合（CW：内戦）である。第3は，多数派の和平案に対して，外国政府がそれを受け入れ，少数派もそれを受け入れる場合（P：和平）である。

外国政府が受け入れ可能でかつ少数派が同意するような和平案を多数派が提案すれば，和平合意（国際平和と国内平和）が実現する。しかし，外国政府が和平案を拒否する場合には，戦争が発生する。また，少数派が和平案を拒否する場合には，内戦が起きる。

4) 多数派の利得：外国政府と戦争が起きる場合に，多数派が戦争に勝つ確率を p_F，多数派が戦争に勝利した場合の利得を1，負けた場合の利得を0，戦争に伴う多数派のコストを c_M としよう。多数派と少数派との間で内戦が起きる場合も同様に，多数派が内戦で勝つ確率を p_m，多数派が内戦に勝利した場合の利得を1，負けた場合の利得を0，内戦に伴う多数派のコストを c_M とする。ここで，多数派の戦争や内戦に伴うコストが十分に大きいとする。

このとき，多数派の期待利得は，外国政府と戦争が起きる場合には $p_F - c_M$ となり，少数派と内戦の場合には $p_m - c_M$ となる。外国政府と少数派が和平案 α を容認する場合には，多数派の利得は，少数派と交渉力 p_m に応じて分配し $p_m \alpha$ とする。

5) 少数派の利得：多数派と内戦が発生する場合に，少数派が勝つ確率は $1 - p_m$ である。内戦に勝利した場合の少数派の利得は1であり，内戦に伴う少数派のコストは c_m とする。このとき，少数派の期待利得は $(1 - p_m) - c_m$ となる。和平案 α に同意する場合には，少数派の利得は，交渉力 $1 - p_m$ に応じて $(1 - p_m)\alpha$ とする。多数派が外国政府と戦争する場合，少数派の利得は0とする。

6) 外国政府の利得：自国と外国が戦争をする場合に，外国政府が勝つ確率は

図 3.2　多数派主導のモデル

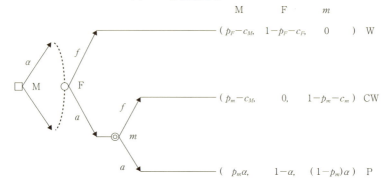

$1-p_F$ である。戦争に勝利した場合の外国政府の利得は 1 であり，戦争に伴う外国政府のコストは c_F とする。このとき，外国政府の期待利得は $(1-p_F)-c_F$ となる。多数派の和平案 α を受け入れた場合には，外国政府の利得は $1-\alpha$ である。多数派と少数派が内戦になる場合には，外国政府の利得は 0 とする。

3　和平合意か武力紛争か

ゲームのタイミングは，和平交渉の主導権を誰が握るかによって異なる。以下では，多数派（提案者）と少数派（国内の拒否権プレイヤー）が和平交渉の主導権を握る 2 つのモデルについて検討しよう。

3.1　多数派（提案者）主導のモデル

多数派（提案者）主導のゲーム（図 3.2 を参照）では，最初に，多数派が外国政府に対して和平案 α を提案する。次に外国政府が，和平案を受け入れるか否かを決定する。外国政府が和平案を受諾すれば，最後に少数派が，政府間の和平合意案を承諾するか否かを決定する。後向き帰納法に従って，最後の少数派の行動から検討しよう。

1）少数派の行動：少数派は，和平案に同意すれば $(1-p_m)\alpha$ の利得を得るが，武力紛争を選択すれば $(1-p_m)-c_m$ の利得を得る。和平案の承諾と武力紛争の利得が等しい場合には，和平案を受け入れるとしよう。$\alpha_m = 1-[c_m/(1-$

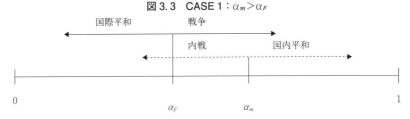

図3.3 CASE 1：$\alpha_m > \alpha_F$

$p_m)]$ と定義する。α_m は，和平案に対する少数派の最低要求である。和平案がこの値に満たない場合には，少数派は内戦に訴える。このとき，少数派の選択は以下のようになる。

少数派は，$\alpha \geq \alpha_m$ の場合，和平案を受け入れる。
　　　　$\alpha < \alpha_m$ の場合，内戦に訴える。

和平案 α が十分に小さくなると ($\alpha < \alpha_m$)，少数派は内戦を仕掛けて，利得を確保しようとする。和平案 α が十分に大きい場合には ($\alpha \geq \alpha_m$)，あえて武力行使をする誘因はない。内戦を仕掛けるよりは，和平交渉の成果を期待する。

2) 外国政府の行動：外国政府は，戦争を選択すれば $(1-p_F)-c_F$ の期待利得を得る。和平案 α を受け入れる場合，少数派がその和平案に同意すれば，利得は $1-\alpha \geq 0$ であるが，同意しなければ利得は 0 である。$\alpha_F = p_F + c_F$ と定義する。α_F は，和平案に対する外国政府の最低要求である。和平案がこの値に満たないと，外国政府は戦争に訴える。このとき，外国政府の選択は，CASE 1 ($\alpha_m > \alpha_F$) と CASE 2 ($\alpha_m < \alpha_F$) の2つの場合で異なる。

CASE 1 ($\alpha_m > \alpha_F$) は少数派の最低要求 α_m が十分に大きい場合である。この場合には，図3.3のように，少数派と外国政府の要求が共に満たされる値が存在しない。この CASE 1 では，外国政府は和平案を拒否する。和平案 α が十分に大きいとき ($\alpha \in (\alpha_F, 1]$)，外国政府の利益が小さくなるので，外国政府は戦争をする。和平案 α が十分に小さいとき ($\alpha \in [0, \alpha_F]$)，外国政府が和平案を受け入れても，少数派がそれを拒否する。そのとき外国政府は，利得が 0 になるので，その前に戦争を仕掛ける。

CASE 2 ($\alpha_m < \alpha_F$) は少数派の最低要求 α_m が十分に小さい場合である。この場合には，外国政府の行動は以下のようになる（図3.4を参照）。

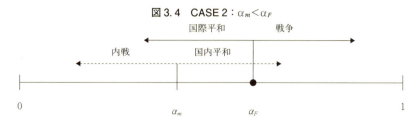

図3.4 CASE 2：$\alpha_m < \alpha_F$

外国政府は，$\alpha_m \leq \alpha \leq \alpha_F$ の場合，和平案を受け入れる。

$\alpha < \alpha_m$ あるいは $\alpha > \alpha_F$ の場合，戦争に訴える。

和平案が $\alpha_m \leq \alpha \leq \alpha_F$ の条件を満たせば，少数派も外国政府も承諾する領域が存在するので，外国政府はその提案を受け入れる。しかし，和平案が $\alpha \in [0, \alpha_m)$ あるいは $\alpha \in (\alpha_F, 1]$ の場合には，それを拒否し戦争をする。和平案 α が十分に大きい場合には，外国政府の利得が戦争の期待利得を下回るので，外国政府は拒否し戦争をする。和平案 α が十分に小さい場合には，少数派が内戦に訴える。このとき，外国政府の利得が 0 になるので，その前に和平案を拒否して戦争をする。

3) 多数派の行動：多数派は，外国政府や少数派のこのような行動を予想しながら，最初の手番で和平案 α を提示する。多数派の和平案 α の提示は CASE 1 と CASE 2 で異なる。

CASE 1（$\alpha_m > \alpha_F$）では，多数派は任意の和平案 $\alpha \in [0, 1]$ を提示し，外国政府と戦争になる。$\alpha \in (\alpha_F, 1]$ の任意の和平案 α を提示するとき，外国政府は，戦争の期待利得のほうが大きいので，和平案 α を拒否し戦争をする。$\alpha \in [0, \alpha_F]$ の任意の和平案 α を提案するとき，少数派がこの和平案を拒否し，内戦になる。このとき外国政府の利得は 0 である。外国政府は，その前に戦争を仕掛け，$p_F + c_F$ の期待利得を確保しようとする。

例題 1　多数派の和平案：CASE 1（$\alpha_m > \alpha_F$）

CASE 1 で，多数派の和平案 α によって外国政府と少数派の行動が異なることを示せ。

解答：多数派の和平案 α の大きさによって外国政府と少数派の行動が異なり，

3つの状態がある（図3.3を参照）。①和平案が $\alpha \in [0, \alpha_F]$ の場合には，少数派は内戦を起こすが，外国政府は和平（国際平和）を維持する。②和平案が $\alpha \in (\alpha_F, \alpha_m)$ の場合には，多数派は少数派と内戦になり，外国政府とは戦争になる。③和平案が $\alpha \in [\alpha_m, 1]$ の場合には，少数派とは国内平和が維持されるが，外国政府とは戦争になる。

CASE 2 $(\alpha_m < \alpha_F)$ では，多数派は和平案 $\alpha = \alpha_F = p_F + c_F$ を提示する。外国政府も少数派もこの和平案を受け入れ，戦争も内戦も回避される。和平合意が実現し，国際平和と国内平和が同時に達成される。多数派にとってこの提案 α_F は，戦争や内戦よりも利得が大きい。

例題2　多数派の和平案：CASE 2 $(\alpha_m < \alpha_F)$

CASE 2で，多数派の和平案 α によって外国政府と少数派の行動が異なることを示せ。

解答：CASE 2でも多数派の和平案 α によって外国政府と少数派の行動が異なり，3つの状態がある（図3.4を参照）。①和平案が $\alpha \in [0, \alpha_m)$ の場合，多数派は，少数派と内戦になり，外国政府とは和平が維持される。②和平案が $\alpha \in [\alpha_m, \alpha_F]$ の場合には，多数派は，少数派と国内平和，外国政府とも国際平和が実現する。③和平案が $\alpha \in (\alpha_F, 1]$ の場合，少数派と国内平和，しかし外国政府とは戦争になる。

ここで，**パットナムの命題**（Putnam, R.）が成立する。国内に強硬な少数派がいる場合（CASE 1）には，ウインセットが小さく，和平交渉が失敗し，戦争が起きる可能性がある。強硬な少数派がいない場合（CASE 2）には，ウインセットが大きく，和平合意が実現する。ただし，交渉結果は，外国政府の戦争に勝つ確率 $1 - p_F$ や戦争のコスト c_F に依存する。外国政府が強硬なほど，多数派は大きな譲歩を迫られることになる。以上の結果は，次のような結果1にまとめられる。

結果1：多数派が主導権を持つとき，CASE 1 $(\alpha_m > \alpha_F)$ の場合には，多数派

図 3.5　少数派主導のモデル

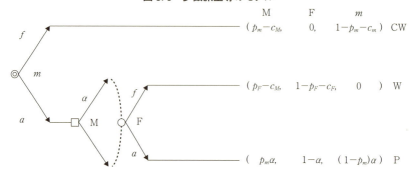

はどのような和平案 α を提示しても外国政府と戦争になる。CASE 2 ($\alpha_m < \alpha_F$) の場合には，多数派は和平案 $\alpha = \alpha_F = p_F + c_F$ を提案し，外国政府も少数派もこの和平案を受け入れ，和平合意が実現する。

3.2　少数派主導のモデル

少数派主導のゲーム（図 3.5 を参照）では，最初に少数派が，多数派と外国政府の和平交渉を容認するか否かを決定する。和平交渉を容認しなければ，内戦が起きる。次に，多数派が外国政府に対して和平案を提案する。最後に，外国政府が和平案を受諾するか否かを決定する。最後の外国政府の行動から検討しよう。

1) 外国政府の行動：外国政府は，和平案を受諾すれば $1-\alpha$ の利得を得るが，武力紛争を選択すれば $(1-p_F) - c_F$ の期待利得を得る。このとき，外国政府の選択は，和平案が $\alpha \leq \alpha_F$ のときには和平案 α を受け入れる。しかし，和平案が $\alpha > \alpha_F$ のときは，和平案 α を拒否し戦争をする。

2) 多数派の行動：多数派は，このような外国政府の行動を予想し和平案 $\alpha = \alpha_F$ を提示し，戦争を回避する。ここで，多数派の戦争コスト c_M は十分に大きく $c_M > p_F - p_m(p_F + c_F)$ である。このとき，多数派は，戦争を回避し和平合意したほうが利得は大きいので，外国政府が和平案に合意することを望む。

3) 少数派の行動：少数派は，このような多数派の和平案 α を予想しながら，最初の手番で最適な選択を行う。少数派の行動は CASE 1 と CASE 2 で異なる。CASE 1 ($\alpha_m > \alpha_F$) では，コミットメント問題から内戦が勃発する。少数派は，

和平交渉で多数派が少なくとも $α_m$ を提案すれば，内戦に訴えることはない。しかし，内戦が回避されれば，多数派にとって最適な提案は外国政府の要求 $α_F$ である。少数派は，和平合意が行われれば，より不利な状況になると考える。こうして，少数派は，和平合意に至る前に，内戦に訴えることになる。

この CASE 1 では，**逆第2イメージ論**（国際関係が国内政治に及ぼす影響を分析する議論）が成立する。もし強硬な外国政府が存在しなければ，多数派は，少数派に $α_m$ を提案し，内戦を回避することができる。したがって，このような多数派と少数派の内戦は，単に両者の政治対立から生じたものではなく，自国と外国の国際的な政治対立から誘引されたものである。

CASE 2（$α_m<α_F$）では，少数派は，和平交渉で多数派が少なくとも $α_m$ を提案すれば，武力紛争に訴えることはない。内戦が回避されたとき，多数派にとって最適な提案は $α_F$ である。これは，少数派にとってはより望ましい提案である。したがって，少数派は，このような和平案を予想し，多数派の初期の提案に同意する。外国政府も多数派の提案に同意するので，和平合意が実現する。

国内に強硬な少数派がいる場合（CASE 1）には，ウインセットが小さく，和平交渉が失敗する（Putnam, R.）。この場合には，内戦が起きる可能性がある。強硬な少数派がいない場合（CASE 2）には，ウインセットが大きく，和平合意（$α_F=p_F+c_F$）が実現する。ただし，交渉結果 $α_F$ は，外国政府の相対的なパワー p_F や戦争のコスト c_F に依存する。外国政府が強硬なほど，多数派は大きな譲歩を迫られる。以上の結果を，次のような結果2にまとめる。

結果2：少数派が主導権を持つとき，CASE 1（$α_m>α_F$）では，少数派はコミットメント問題から武力紛争に訴え内戦になる。CASE 2（$α_m<α_F$）では，多数派が和平案 $α_F$ を提案し，外国政府も少数派もこの和平案 $α$ を受け入れ，和平合意が成立する。

3.3 分析のまとめ

表3.2は，以上の分析結果をまとめたものである。和平交渉の結果は，①和平交渉の主導権を多数派と少数派のどちらが握るかという点と，②アクターの交渉姿勢が強硬か否かによって異なる。

表 3.2 分析のまとめ

	①多数派が主導	②少数派が主導
CASE 1 少数派か外国政府が強硬	戦争	内戦
CASE 2 少数派も外国政府も軟弱	和平合意 (p_F, c_F)	和平合意 (p_F, c_F)

結果1と結果2からCASE 1 ($\alpha_m > \alpha_F$) では武力紛争が発生し、CASE 2 ($\alpha_m < \alpha_F$) では、和平合意が実現する。

例題3 武力紛争

外国政府か少数派が十分に強硬なCASE 1 ($\alpha_m > \alpha_F$) の場合に、武力紛争が発生することを示せ。

解答：多数派が主導権を持つとき、多数派と外国政府の間で戦争が起きる。少数派が主導権を持つとき、多数派と少数派の間で内戦が起きる。こうした状況になるのは、p_F, p_m, c_F, c_m が十分に小さい場合である。p_F と c_F が小さく、$(1-p_F)-c_F$ が大きい場合には、外国政府は、戦争の期待利得が大きいので、より強硬になり戦争をする。p_m と c_m が小さく、$(1-p_m)-c_m$ が大きい場合には、少数派は、内戦の期待利得が大きいので、より強硬になり内戦をする。

例題4 和平合意

外国政府も少数派も武力紛争の意思が十分に弱いCASE 2 ($\alpha_m < \alpha_F$) の場合に、和平合意が実現し、国内平和と国際平和が同時に達成されることを示せ。

解答：和平案に対する少数派の最低要求は $\alpha_m = 1 - [c_m/(1-p_m)]$、外国政府の最低要求は $\alpha_F = p_F + c_F$ である。多数派（交渉提案者）が戦争や内戦に勝つ確率 (p_F, p_m) が大きいほど、また外国政府や少数派の戦争コスト c_F や c_m が大きいほど、和平合意が実現する可能性が高くなる。外国政府との和平合意の内容は p_F と c_F に依存する。外国政府が要求する和平案は $\alpha_F = p_F + c_F$ である。多数派が戦争に勝つ確率 p_F が大きいほど、また外国政府の戦争のコスト c_F が大きいほど、多数派は有利な和平案に合意できる。

表3.3 和平合意・戦争・内戦の構図

	①多数派が主導	②少数派が主導
CASE 1 少数派か外国政府が強硬	イスラエルとPLOの戦争❷ 2001年2月以降	PLOとハマスの内戦❸ 2007年6月以降
CASE 2 少数派も外国政府も軟弱	イスラエルとパレスチナの和平合意❶ オスロ合意以降（1993年9月―2000年9月）	

例題5　国際社会の関与

　国際社会は，外国政府か少数派が強硬な場合でも，和平交渉に適切に関与することによって国際平和と国内平和を同時に達成することができることを示せ。

　解答：和平合意の条件はCASE 2（$(1-p_F)-c_F-[c_m/(1-p_m)]<0$）である。この条件が満たされるためには，$p_F, p_m, c_F, c_m$を十分に国際社会がコントロールする必要がある。外国政府が武力紛争で勝つ確率$1-p_F$が十分に小さく，その戦争コストc_Fが十分に大きければ，外国政府の戦争の誘因は小さくなる。同様に，少数派が内戦で勝つ確率$1-p_m$が十分に小さく，その戦争コストc_mが十分に大きければ，少数派の内戦の誘因は小さくなる。

4　オスロ合意以降の和平交渉と国際関与

　1) 和平合意・戦争・内戦：オスロ合意以降のイスラエルとパレスチナの関係は，表3.3のように要約される。PLO（多数派）が交渉の主導権を持ち，イスラエル（外国政府）もハマス（少数派）も十分に強硬でない場合（❶）には，和平合意が実現する。1993年9月のオスロ合意以降，1999年9月のシャルム・エル・シェイク覚書に至る時期は和平合意の時代である。この間，イスラエルでは和平推進派の労働党が政権を担当するか，そうでない時期でも米国のイスラエルに対する圧力が存在した。パレスチナではPLOがハマスを抑制していた。

　PLOが主導権を持ち，イスラエルかハマスが十分に強硬な場合（❷）には，イスラエルとパレスチナの間で戦争が起きる可能性がある。2001年2月以降，イスラエルでは強硬派のシャロン政権が成立し，両者の関係は，和平合意の時代から戦争の時代に移行した。

イスラエルかハマスのどちらかが十分に強硬な場合に，ハマスが和平交渉の主導権を握るとき（❸），PLOとハマスの間で内戦が起きる可能性がある。2006年1月のパレスチナ評議会選挙でハマスが勝利し，ハマスの影響力が増大した。これ以降，ハマスとPLO主流派のファタハの間で武力衝突が起き，内戦の時代に移行した。

2）国際社会の関与：PLOが交渉の主導権を握るとき，イスラエルかハマスが強硬な場合には，和平合意の実現は難しい。和平合意が実現するためには，国際社会の関与が必要になる。

イスラエル政府が強硬派で，PLOが和平交渉の主導権を握る場合には，イスラエルとパレスチナの間で戦争が起きる可能性がある。このような状況で，和平合意が実現するとすれば，$(1-p_F)-c_F-[c_m/(1-p_m)]<0$ が成立しなければならない。この条件が成立するためには，少数派のハマスの条件を所与とすれば，イスラエルが武力紛争で勝つ確率 $1-p_F$ が十分に小さく，その戦争コスト c_F が十分に大きくなければならない。クリントン大統領のイスラエルへの政治的圧力は，少なくともイスラエルの戦争コスト c_F を高めたと考えられる。

1996年5月のイスラエルの首相公選で，強硬派リクードのネタニヤフが勝利した。彼は，同年7月に，マドリード中東和平会議の「領土と和平の交換」原則を否定する発言を行った。またオスロ合意を批判し，アラファトPLO議長との交渉を拒否した。このような強硬派のネタニヤフ政権下で，ヘブロン合意（1997年1月）やワイ・リバー合意（1998年10月）が可能になった背景には，米国クリントン大統領の関与があった。

文献案内

Guide to Further Reading

Corbin, J. (1994) *Gaza First: The Secret Norway Channel to Peace between Israel and the PLO*, London: Bloomsbury Publishing（仙名紀訳『ノルウェー秘密工作』新潮社，1994年）．
　　＊イスラエルとPLOのオスロ合意に関する文献。
Eisenberg L. Z. and N. Caplan (1998) *Negotiating Arab-Israeli Peace: Patterns,*

Problems, and Possibilities, Bloomington: Indiana University Press（鹿島正裕訳『アラブ・イスラエル和平交渉——キャンプ・デービッド以後の成功と失敗——』お茶の水書房，2004年）．
＊イスラエルとPLOの和平交渉に関する研究書。

中西俊裕（2006）『中東和平 歴史との葛藤——混沌の現場から——』日本経済新聞社。
＊パレスチナ問題を歴史的に叙述したテキスト。

第Ⅱ部

安全保障

第 4 章
テロ対策の国際協力は可能か

> **パズル**：テロ対策の国際協力は可能か。
> **解答**：テロ対策には，予防政策と防御政策の 2 つのタイプがある。予防政策（proactive policy）は，テロリストを直接攻撃する政策である。このテロ対策はグローバルな外部経済を伴うので，各国のテロ政策は過少供給になる。これに対して防御政策（defensive policy）は，テロの標的の周辺を保護する政策である。このテロ対策はグローバルな外部不経済を伴うので，各国のテロ政策は過剰供給になる。テロ対策の戦略的国際関係は，予防政策の場合には，戦略的代替関係になり，国際的なテロ対策は過少供給になる。防御政策の場合には，各国のテロ対策は戦略的補完関係になり，国際的なテロ対策は過剰供給になる。予防政策でも防御政策でも，効率的な国際テロ対策は難しい。

> **Keywords**
> 国際テロ，テロリズム，予防政策，防御政策，テロ対策の外部性，外部経済，外部不経済，戦略的代替関係，戦略的補完関係，最弱リンク，ベスト・ショット

1 テロのグローバル化

　現代のテロリズムは，1968 年 7 月 22 日のパレスチナ解放人民戦線（PFLP）によるエルアル航空機のハイジャック事件から始まったと言われている。この事件の特徴は，テロの関係者が国境を越えて広がる**国際テロ**である点と，テロの標的が要人ではなく一般市民である点にあった。PFLP は，パレスチナ国家の樹立と反イスラエルを掲げ，1967 年にベイルートで結成された。PFLP は，日本赤軍などとの繋がりが指摘された。

　テロのグローバル化の象徴は，2001 年 9 月 11 日に米国で起きた 9.11 事件である。民間航空機が国際テロ組織アルカイーダ（Al-Qaeda）にハイジャックされ，ニューヨークの世界貿易センタービルやワシントンの国防総省などに突入した。この事件の犠牲者は 2977 人，負傷者は 6000 人を超える。日本人も 24 人が犠牲になった。このテロに対して米国は，国連安保理決議 1368 をもとに対テロ有志連合を組織し，2001 年 10 月 7 日，アルカイーダを支援していたアフガニスタンのタリバン政権に軍事攻撃した。

　図 4.1 は，米国国務省が公表した 2005-2016 年の世界のテロの件数と死者数を表したものである。この間のテロの総件数は 13 万 7730 件，年平均 1 万 1478 件である。テロによる死者は総数 21 万 6925 人，年平均 1 万 8077 人である。日本人が標的になった国際テロも起きている。2013 年 1 月に発生したアルジェリア人質事件は，日本人 17 人（10 人死亡）が標的になった。この事件は，アルカイーダと連携する「イスラム・マグレブ諸国のアルカイーダ」（AQIM）から分派した武装組織「覆面旅団」によるものと言われている。

　9.11 事件後，テロリズムに関する研究は理論的にも実践的にも重要な課題になっている。とくに，イスラム国（Islamic State）やアルカイーダのような国際テロ組織やそれに対するテロ対策について関心が高まっている。国際テロに対する政策は，外部性を持ち，相互に依存する。たとえば，米国がテロ対策を強化すれば，テロリストの攻撃対象は EU などの他国に向けられ，EU でもテロ政策が必要になる。外部性を持つテロ対策は，国際協力の必要性を高める。テロのグローバル化は，テロ対策の国際協力の必要性をさらに高める。

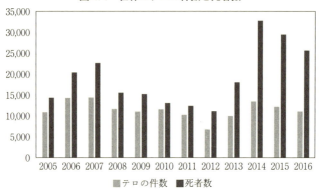

図 4.1 世界のテロの件数と死者数

出所）U.S. Department of State

2　テロリズムとは何か

　テロリズムの定義について国連では合意はない。米国内でも国務省や国防総省で定義が異なる。ここでは，Enders and Sandler（2006）を参考に，便宜上，次のようにテロリズムを定義しよう。**テロリズム**とは，政治的・宗教的・社会的目的を達成するために，直接的な標的を越えてより広範な一般市民や観衆を脅しながら，個人や非国家集団が非戦闘員に対して行う暴力の行使あるいは暴力による威嚇をすることである。以下，テロリズムの目的と手段およびプレイヤーについて検討しよう。

　1）テロリズムの目的と手段：テロリズムには政治的・宗教的・社会的目的がある。このような目的がなければ，暴力行為は単なる犯罪になる。政治的目的には，ナショナリズム・民族独立や反体制的な抵抗がある。宗教的目的は，イスラム原理主義（イスラム主義・ジハード主義）やキリスト教過激派のように神の名による異端者の排除である。社会的目的には，環境保護・フェミニズム・動物愛護などがある。このような目的の実現のためにテロ行為が行われる。

　9.11事件は，イスラム原理主義の思想や運動によれば，テロではなくジハード（聖戦）であり，イスラム的に正しい行為となる。ジハード主義者にとって，イスラムのための武装闘争は正当な行為である。ただし，このような理解はテ

ロリスト周辺のジハード主義者の理解である。イスラム教の指導者（たとえば，サウジアラビアの最高宗教権威）は，テロ行為をイスラムの教えに反するものとして非難している。また多くのイスラム教徒は 9.11 事件をテロ行為と判断している。

テロリズムは，暴力の行使あるいは暴力による威嚇を手段にし，一般市民の生命を危険にさらし，社会不安を煽る。暴力の行使は，ビルや輸送機などの爆破，コンピュータネットワークの破壊，食品汚染，誘拐，暗殺，自爆などによって行われる。テロリストは社会的弱者であり，暴力の使用やその威嚇がなければ，権力者にその要求を呑ますことはできない。テロによる社会不安はメディア（とくにテレビやインターネットおよび SNS）によって拡散され，テロリストはメディアを積極的に活用しようとする。

2) テロリズムのプレイヤー：テロリズムには，テロリスト，標的，犠牲者・観衆という3人の主要なプレイヤーがいる（図 4.2 を参照）。

テロリスト：テロの行為者（実行犯・首謀者・組織）は個人や非国家組織であり，国際的なネットワークを持つ場合がある。ゲリラは，国際法上の主体になることができ，武力紛争法に従った扱いを受ける。しかし，テロリストは法律を破る犯罪者である。テロリストの国際的なネットワークには，たとえば，ビン・ラディン（Usāma bin Lādin: 1957-2011）が組織したイスラム原理主義のアルカイーダがある。このテロ組織には，アブ・サヤフ（フィリピン），アル・ジハード（エジプト），ハラカト・ムジャヒディン（パキスタン），イスラム運動（ウズベキスタン），ジェマ・イスラミア（東南アジア）などが関与していた。IS（Islamic State：イスラム国）もアルカイーダ系のイスラム過激派組織である。

テロリストは特定の国家や集団によって支援される場合がある。テロ支援国家は，資金・人材・武器・情報・技術・隠れ場所などをテロリストに提供する。米国務省は，シリア，イラン，スーダン，イラク（2004年指定解除），リビア（2006年指定解除），北朝鮮（2008年指定解除），キューバ（2015年指定解除）などをテロ支援国家と指定してきた。イランが支援したテロ組織には，レバノンのヒズボラ，パレスチナのハマス，アフガニスタンのイスラム統一党，エジプトのアル・イスラミーヤなどがある。アルカイーダは，アフガニスタンのタリバン政権によって支援されていた。

図4.2 テロリズムのプレイヤー

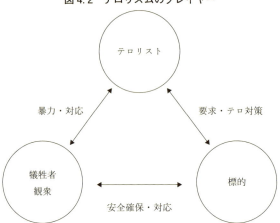

標的：テロの標的は政府・企業・市民であり，テロリストは，標的がその行動を変えることを期待しテロ行為を行う。テロリストは，たとえば選挙といった通常の政治的回路を閉ざし，暴力と威嚇によって標的に意思決定の変更を迫る。標的は，攻撃的なテロ対策をとる場合もあるが，政治的譲歩の費用とテロ攻撃の費用を比較し，将来のテロ攻撃の費用が大きいと判断すれば，テロリストに政治的に譲歩する場合もある。

犠牲者・観衆：テロの犠牲者は一般市民や非戦闘員であり，観衆（audience）はテロ攻撃の直接の犠牲者を越えて広範囲に存在する一般市民である。テロが戦争やゲリラ戦と異なるのは，一般市民（非戦闘員）を攻撃の対象にしている点にある。テロリストは，観衆がテロの標的に対して政治的影響力を行使することを期待している。テロ攻撃の直接的対象は，旅客機・空港・鉄道・ターミナル・市場・ホテル・劇場・高層ビルなどの人口密集地，食品（毒物混入），コンピュータネットワーク，企業，政府などである。

3 合理的なテロリスト

ここでの分析はテロリストの行動理解のベンチマークである。行動経済学の成果はテロリスト分析の理解をさらに深めるであろう。以下，くわしく見てい

こう。

1) テロリストの選好：テロリストは効用を最大化するように政治戦略を選択すると仮定しよう。テロリストの効用関数 W は，非合法的なテロ活動 T と合法的な政治活動（非テロ活動）N という２つの政治戦略に依存するとする。テロ活動と政治活動の増大によって効用は増大する。非合法なテロ活動は，暴力や暴力による威嚇を用いる政治活動である。テロ行為への支持，メディアの注目，政治秩序の不安定化などによって，彼らの効用は高まる。合法的な政治活動は，議会活動，メディアを利用した宣伝活動，デモ行進などである。テロリストの効用関数 W を①式のように表す。

$$W = W(T, N) \qquad \cdots\cdots ①$$

2) テロリストの予算制約：テロリストは，資金・人的資源・資本設備・武器など所与の予算制約の下で政治戦略を選択する。これらの資源をテロ活動と政治活動に配分し，効用の最大化を図る。テロリストの政治戦略の選択は，代替的な政治戦略の費用にも依存する。テロ活動の費用とは，テロを計画・実行する費用であり，直接的な暴力費用だけではなく，実行犯のリクルートや訓練費用なども必要になる。

テロ活動の費用を $p_T > 0$，合法的な政治活動の費用を $p_N > 0$，今期の予算を $D > 0$ とすれば，$p_T T + p_N N = D$ のような予算線が得られる。これを書き換えると，②式を得る。

$$T = -(p_N/p_T)N + (D/p_T) \qquad \cdots\cdots ②$$

図4.3の横軸は合法的な政治活動 N，縦軸はテロ活動 T を表す。直線ABは初期の予算線である。テロリストがその資源をすべてテロ活動に向ければ，D/p_T のテロ活動を行うことができる。これは，予算線ABの縦軸の切片を表す。予算線ABの傾きは $-(p_N/p_T)$ であり，テロ活動の相対費用を表す。

曲線 $I_i (i=1, 2)$ は無差別曲線を表す。無差別曲線は，右下がりの曲線であり，原点に向かって凸である。無差別曲線 I_1 は，無差別曲線 I_2 よりも右上方にあり高い効用を表す。図4.3において政治戦略の最適な配分は点 E_1 で達成される。この点で，テロリストは $0T_1$ 単位のテロ活動と $0N_1$ 単位の合法的な政治

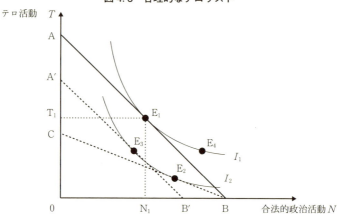

図 4.3　合理的なテロリスト

活動を行う。

3) テロ対策の効果：テロ対策がテロリストの行動に及ぼす影響について検討しよう。金属・爆弾探知機の空港への設置やテロ行為の厳罰化は，テロ活動の相対費用を高める。これは，図 4.3 では予算線の AB から CB への変化によって表される。このような予算線の変化によって，テロリストの政治戦略の組合せは点 E_1 から点 E_2 に移動する。E_1 から E_4 への移動は代替効果，E_4 から E_2 への移動は所得効果である。このとき，テロリストは非合法なテロ活動を抑制し，合法的な政治活動を拡大する。

政府がテロリストの資金凍結，人的資源の削減，武器の破壊，逃避地の封鎖などのテロ対策をとったとしよう。このとき，テロリストの予算制約は厳しくなり，図 4.3 では，このようなテロ対策は予算線の AB から A'B' への平行な下方シフトによって表される。テロリストの政治戦略の組合せは点 E_1 から点 E_3 に移動する(所得効果)。このような予算の削減によって，テロリストはテロ活動も合法的な政治活動も削減する。

テロ対策の成否は，テロリストの選択集合をいかに縮小させるかにかかっている。有効なテロ対策とは，テロリストの予算制約や政治選択に影響を及ぼすような政策である。非合法なテロ活動を抑制し，合法的な政治活動を促すような政策が重要になる。

4) テロリストの行動ルール：以上の観察から，テロリストの行動には以下のような特徴がある。第1に，テロ活動の相対費用が高くなると，テロリストは合法的な政治活動を増大させる。テロ対策は，テロ活動の費用を高めることによってテロ以外の政治活動への代替効果をもたらす。

第2に，複数のテロ活動は代替的な関係にある。あるテロ活動の費用が高くなると，それ以外のテロ活動が活発になる。空港警備が厳重になれば，空港以外を対象にしたテロが行われる。米国本土防衛が強化されれば，米国の海外施設がテロ攻撃の対象になる。

第3に，すべてのテロ活動の費用が増大するか，テロ以外の合法的な政治活動の費用が低下すれば，テロ活動から合法的な政治活動への政治戦略の代替がおき，テロ活動は抑制される。しかし，独裁政権のように政府が政治活動の自由を抑圧したり，合法的な政治活動の費用を高めたりすれば，テロ活動を促進することになる。

第4に，テロリストの予算制約が厳しくなると，テロ活動や合法的な政治活動は抑制される。テロ対策としては，すべてのテロ活動のコストを高め，テロリストの資源を全体的に削減することが重要になる。

4　テロ対策のタイプと外部性

4.1　テロ対策の2つのタイプ

テロ対策には2つのタイプがある。第1は予防政策（proactive policy）であり，テロリストやその支援者に対する攻撃的な政策である。予防政策には，テロリスト・訓練施設・支援者への先制攻撃や報復攻撃，テロ組織への潜入と情報収集，テロ関連のウェブサイトの監視，テロ資金の凍結などがある。このようなテロ対策は，テロリストの資金・人的資源・武器・逃避地・訓練施設・ネットワークなどを破壊・削減し，テロ活動を抑制する。

予防政策としての先制攻撃の例には，2001年10月のアフガニスタンにおけるアルカイーダやタリバンに対する米国の攻撃がある。報復攻撃の例には，1986年4月の米国によるリビアへの爆撃がある。これは，同年4月の西ベルリンのテロへの報復である。サイバーテロ対策としては，1990年に事案対処・セ

キュリティ・チーム・フォーラム (FIRST) が設立され，各国の情報共有が行われている。国際的なテロ資金対策には，テロ資金供与防止条約 (1999年12月採択) や国連安保理決議1267，同1333，同1373，同1390などがある。

第2は防御政策 (defensive policy) であり，一般市民・要人・施設などテロ攻撃の対象に保護障壁をつくる政策である。防御政策には，警護・対抗手段の強化，空港・港湾・ビル・プラント・ターミナル・輸送機などにおける危険物探知器やビデオカメラの設置，テロ実行犯に対する法的厳罰化などがある。防御政策は，テロ活動のコストを高めたり，テロ失敗の可能性を高めたりすることによってテロの対象を保護する。

生物テロの防御政策では，医学的な対抗手段の研究開発・配備，発生後の危機管理・公衆衛生能力の強化などのバイオセキュリティが重要になる。このバイオセキュリティについては，国連，世界保健機構 (WHO)，世界動物保健機構 (OIE)，世界刑事警察機構 (ICPO)，経済協力開発機構 (OECD) などが，データベースの整備，情報交換，政策支援，人材育成などで国際協力を行っている。

国際民間航空機関 (ICAO) は防御的テロ対策として，航空規制，空港での出入国管理，危険物輸送規制など，空港保安における国際協力を行っている。国際海事機関 (IMO) はコンテナのセキュリティ強化に関するガイドラインを策定し，米国を中心にコンテナの保安検査態勢を強化している。

防御的テロ対策の国際条約には，爆弾テロ防止条約 (2001年5月発効) や化学兵器禁止条約 (1997年4月発効) がある。核テロについては，核テロリズム防止条約 (2007年4月国連総会採択) や核物質防護条約 (2007年7月改正) によって法的枠組みが強化された。

4.2 テロ対策の外部性

テロ対策にはグローバルな**外部性**がある。これは，ある国家のテロ対策が，国境を越えて他の国家に便益 (外部経済) や費用 (外部不経済) をもたらすことである。予防的テロ対策は，テロ攻撃を全体的に抑制することによって他の国家に**外部経済**をもたらす。ある国がテロ資金対策やウェブサイトの監視を強化すれば，他の諸国のテロ攻撃の可能性も低下する。これに対して防御的テロ対策は，テロ攻撃の標的を他国にシフトさせることによって**外部不経済**をもた

表 4.1　先制攻撃

米国\日本	先制攻撃	現状維持
先制攻撃	$(2B-c, 2B-c)$	$(B-c, B)$
現状維持	$(B, B-c)$	$(0,0)^*$

らす。9.11事件後，先進諸国がテロ対策を強化した結果，アフガニスタンやパキスタンなどがテロ攻撃の標的になった。

軍事的な予防政策は，一時的な勝利をもたらすとしても，それだけでは終わらない場合がある。イスラム国やアルカイーダのように国際的なネットワークがある場合には，時空を越えてテロが拡散する可能性がある。たとえば，2001年10月の米国によるアフガニスタン攻撃後，2003年3月にサウジアラビアやモロッコで自爆攻撃が起きた。このように，予防政策も外部不経済の連鎖をもたらす可能性がある。

テロ対策は，外部性のために社会的に非効率な水準になる。予防政策は外部経済のために過少供給になる。防御政策は外部不経済のために過剰供給になる。そのため，テロ対策には国際協力が重要になる。テロ対策の国際協力については，G7，国連（UN），欧州連合（EU），北大西洋条約機構（NATO），欧州安全保障協力機構（OSCE），東南アジア諸国連合（ASEAN），アラブ連盟，イスラム諸国会議機構（OIC）などで実施されている。

5　テロ対策の戦略的関係

各国のテロ対策の戦略的な相互依存関係について検討しよう。戦略的相互依存関係は予防政策と防御政策では異なる。各国の予防政策は外部経済のために**戦略的代替関係**になり，防御政策は外部不経済のために**戦略的補完関係**になる。

5.1　予防政策：先制攻撃

予防的テロ政策について，米国と日本の2国が共通のテロリスト（たとえば，アルカイーダ）に対して先制攻撃をするか否かを決めなければならない場合について検討しよう。

表4.1は，2×2の利得行列によって先制攻撃ゲームを表す。米国（列）と日

表 4.2　先制攻撃：対称的な国家

米国\日本	先制攻撃	現状維持
先制攻撃	(2, 2)	(−2, 4)
現状維持	(4, −2)	(0, 0)*

表 4.3　先制攻撃：非対称的な国家

米国\日本	先制攻撃	現状維持
先制攻撃	(6, 2)	(2, 4)*
現状維持	(4, −2)	(0, 0)

本（行）という対称的なアクターが共通のテロリストに対して，先制攻撃をするか現状維持かの選択を行う。利得は，左が米国，右が日本である（以下同様）。

米国の先制攻撃は，費用 c のもとで両国に便益 B を与える。日本は，現状維持をとれば，費用負担をすることなく，B の便益を得る。両国が現状維持をとれば，利得は 0 である。両国が先制攻撃すれば，双方の便益が累積され，利得は $2B-c$ となる。$2B>c>B$ を仮定すると，ゲームは囚人のジレンマになる。このゲームでは，現状維持が各国の支配戦略であり，支配戦略均衡が存在する（＊は均衡を表す。以下同様）。

予防的テロ政策は，外部経済のために**戦略的代替関係**になる。というのは，ある国が予防政策をとれば，他の諸国は予防政策を実施する必要性がなくなるからである（フリーライダー問題）。予防政策は，パレート優位な状況と比較すると，過少供給になる。

例題 1　対称的な国家のテロ対策

便益 $B=4$，費用 $c=6$ のとき，両国のテロ対策が囚人のジレンマになることを示せ。

解答：表 4.2 はこの場合の利得行列を表す。米国と日本は対称的なアクターである。米国が先制攻撃し，日本が現状維持のとき，米国は 6 の費用を負担し 4 の便益を得，日本に 4 の外部便益をもたらす。米国の利得は $-2(=4-6)$，日本の利得は $4(=4-0)$ である。日本が先制攻撃し米国が現状維持をとれば，利得は日本が -2 で米国が 4 になる。両国が先制攻撃をすれば，利得は $2(=4+4-6)$，両国が現状維持の場合には利得は 0 である。

この先制攻撃ゲームは囚人のジレンマとなり，両国が現状維持を支配戦略とする支配戦略均衡（現状維持，現状維持）が存在する。このゲームのパレート優位な状況は（先制攻撃，先制攻撃）の組である。各国とも先制攻撃をしたほうが利得は大きくなるが，相手が先制攻撃をする場合には，自国は現状維持を

第4章 テロ対策の国際協力は可能か　81

表4.4　抑止政策

米国\日本	現状維持	抑止政策
現状維持	$(0,0)$	$(-C_1, b-C)$
抑止政策	$(b-C, -C_2)$	$(b-C-C_1, b-C-C_2)^*$

表4.5　抑止政策の数値例

米国\日本	現状維持	抑止政策
現状維持	$(0,0)$	$(-4, 2)$
抑止政策	$(2, -4)$	$(-2, -2)^*$

とる。結局，両国とも現状維持をとり，テロリストへの攻撃は行われない。

例題2　非対称的な国家のテロ対策

国家の選好が非対称的な場合，先制攻撃が均衡になることを示せ。

解答：表4.3は，米国と日本の選好が非対称な場合の先制攻撃ゲームを表す。日本の利得は表4.2と同じである。米国の利得は，日本の先制攻撃から4の外部便益を得るが，自国の先制攻撃から8の便益を得るとする。このとき，日本の支配戦略は現状維持であるが，米国の支配戦略は先制攻撃になる。ナッシュ均衡は（先制攻撃，現状維持）である。

米国のようにテロの第一攻撃標的（prime-target）になる可能性のある国は，日本やEU諸国の行動にかかわらず，自国だけでも先制攻撃を行う誘因がある。2001年の9.11事件以降，国際社会は，予防的テロ対策（たとえばアフガニスタン・イラク攻撃）に関しては米国の指導力に依存してきた。

5.2　防御政策：抑止政策

防御的テロ対策について，対称的な2国（米国と日本）が共通のテロリストに対して抑止政策（たとえば空港でのセキュリティの強化）をとるか否かを決めなければならない場合について検討しよう。

表4.4は抑止政策ゲームを表す。米国（列）と日本（行）は抑止政策をとるか現状維持かの選択を行う。米国（日本）の抑止政策は，費用Cのもとで自国に便益bを与える。ここで$b>C$であり，米国（日本）は自己防衛の誘因を持っている。このとき，日本（米国）は$C_2(C_1)$の外部費用（たとえば空港でのセキュリティ強化の追加費用）を強いられる。両国が現状維持をとれば，利得は0である。両国が抑止政策をとれば，私的費用と外部費用のために，利得は$b-C-C_i<0$となる。このゲームも囚人のジレンマになり，抑止政策が各国の支配戦略となる支配戦略均衡が存在する。

表 4.6　先制攻撃と抑止政策：対称的な国家

米国\日本	先制攻撃	現状維持	抑止政策
先制攻撃	(2, 2)	(−2, 4)	(−6, 6)
現状維持	(4, −2)	(0, 0)	(−4, 2)
抑止政策	(6, −6)	(2, −4)	(−2, −2)*

例題 3　抑止政策の数値例

表 4.5 の数値例，便益 $b=6$，費用 $C=C_i=4$ を用いて抑止対策の均衡を求めよ。

解答：この抑止政策は，自国には 6 の便益と 4 の費用をもたらし，相手国には 4 の外部費用をもたらす。米国だけが抑止政策を実施すれば，米国の利得は $2(=6-4)$，日本の利得は $-4(=0-4)$ である。両国とも現状維持をとれば，共に利得は 0 である。両国が抑止政策をとれば，互いに外部費用をこうむり，利得は $-2(-2=6-4-4)$ である。

抑止政策ゲームは囚人のジレンマになり，支配戦略均衡が存在する。各国は抑止政策の外部費用を考慮しないので，パレート優位な状況と比べ抑止政策は過剰供給になる。各国の抑止政策はまた，外部不経済のために**戦略的補完関係**になる。というのは，ある国が抑止政策（たとえば空港のセキュリティ強化）をとると，他の諸国にテロ攻撃がシフトするので，他の諸国でも抑止政策が必要になるからである。

5.3　先制攻撃と抑止政策の選択

日米 2 国が，先制攻撃・現状維持・抑制政策という 3 つの選択肢を持つ場合について検討しよう。

1) 対称的な国家：表 4.6 のように対称的な日米の 2 国を想定しよう。この表の左上の 2×2 の利得行列（実線内）は表 4.2 の先制攻撃ゲームと同じであり，右下の 2×2 の利得行列（点線内）は表 4.5 の抑止政策ゲームと同じである。

先制攻撃と抑止政策の便益と費用は先と同じである。米国が抑止政策をとり，日本が先制攻撃をとる場合，米国は抑止政策の便益 6 と費用 4 に，日本の先制攻撃の外部便益 4 が加わるので，その利得は $6(=6+4-4)$ となる。このとき日本は，先制攻撃の便益 4 と費用 6 に，米国の抑止政策の外部費用 4 が加わる

第 4 章　テロ対策の国際協力は可能か

表 4.7　先制攻撃と抑止政策：非対称的な国家

米国＼日本	先制攻撃	現状維持	抑止政策
先制攻撃	(6, 2)	(2, 4)	(−2, 6)*
現状維持	(4, −2)	(0, 0)	(−4, 2)
抑止政策	(6, −6)	(2, −4)	(−2, −2)*

ので，その利得は −6(＝4−6−4) である。日本が抑止政策，米国が先制攻撃の場合には，利得はちょうど逆になる。

このゲームの構造も囚人のジレンマになり，支配戦略均衡（抑止政策，抑止政策）が存在する。各国の抑止政策は先制攻撃を支配する。このような状況は，2 つの点で両国にとって好ましくない。というのは，第 1 に，現状維持の利得は支配戦略均衡の利得よりもパレート優位であるからである。第 2 に，支配戦略均衡の利得は最も小さいからである。

2) 非対称的な国家：米国の先制攻撃の選好が表 4.7 のように非対称的な場合を想定しよう（左上の 2×2 の利得行列が表 4.3 と同じ）。表 4.7 の利得行列が表 4.6 と違うのは第 1 行の米国の利得である。

米国も日本も先制攻撃をする場合，米国は自国の先制攻撃の便益 8 と費用 6 に日本の先制攻撃の外部便益 4 が加わるので，その利得は 6(＝8+4−6) となる。米国が先制攻撃し日本が現状維持の場合には，その利得は 2(＝8−6) である。米国が先制攻撃し日本が抑止政策をとる場合には，日本の抑止政策の外部費用 4 が加わるので，その利得は −2(＝8−6−4) となる。

このゲームには純粋戦略の範囲で 2 つのナッシュ均衡がある。1 つは米国が先制攻撃し，日本が抑止政策をとる場合である。もう 1 つは両国が抑止政策をとる場合である。このように選好が非対称的な場合には，テロの第一攻撃標的になる米国は先制攻撃と抑止政策の両方に関心を持つが，テロへの関心が弱い日本は抑止政策しか採用しない。

5.4　最弱リンク型とベスト・ショット型のテロ政策

1) 最弱リンク型：テロ政策が最弱リンク（weakest-link）型の性質を持つ場合について検討しよう。最弱リンク型とは，公共財の供給量が最小の公共財を供給する国家の行動に依存するようなものである。空港の安全性やテロ資金の凍

表4.8 最弱リンク型

米国\日本	現状維持	安全性改善
現状維持	(0, 0)*	(0, −6)
安全性改善	(−6, 0)	(2, 2)*

表4.9 ベスト・ショット型

米国\日本	現状維持	技術開発
現状維持	(0, 0)	(6, 2)*
技術開発	(2, 6)*	(2, 2)

結（防御政策）などは，ある国家のテロ対策の最小量（最弱のリンク）によって全体の安全性や資金凍結が規定される。複数の空港を利用する旅行客には，関連するすべての空港の安全性が重要になる。一カ所でも問題があれば，その空港の脆弱な安全性のためにすべての関連する空港の安全性が低下する。安全性を引き上げるためには，最低水準の空港の安全性の改善が必要になる。

発展途上国がこのようなテロ対策に参加する場合には，その資金不足のために全体の安全性が危険にさらされる。その場合には，先進国が発展途上国のテロ対策を支援する必要がある。これは，先進国にとっても自国の国民や資産を保護するために重要になる。米国政府は，テロ対策の基本方針の1つに対外支援をあげている。

例題4　最弱リンク型のテロ政策

米国と日本の対称的な2国が，空港の安全性の改善を行うか現状維持かの選択を行うとしよう。安全性改善の利得を8，その費用を6とする。このゲームの均衡を求めよ。

解答：表4.8は最弱リンク型ゲームを表す。米国が安全性の改善を行い，日本が現状維持の場合，日本が安全性の改善をしないので，米国の安全性は改善されない。したがって，米国だけが安全性の改善をしても便益は0であるので，米国の利得は$-6(=0-6)$となる。両国が安全性の改善を行う場合には，両国の利得は$2(=8-6)$となる。このゲームには，純粋戦略の範囲で2つのナッシュ均衡がある。パレート優位の基準を用いると，両国が安全性の改善を行うことになる。

2）ベスト・ショット型：テロ対策がベスト・ショット（best-shot）型の場合について検討しよう。この場合には，最大の公共財を供給する国家の行動によって，すべてのテロ対象国の便益が決定される。この種のテロ対策には，情報

収集システムの構築・テロ集団への潜入・セキュリティ技術の開発などの外部経済を伴う予防政策がある。ある国で情報収集システムが構築されると，他国が追加的にシステム構築の努力をしても，追加的な便益は少ない。

例題5　ベスト・ショット型のテロ政策

対称的な日米2国が，テロ対策のシステム開発をするか現状維持かの選択を行うとしよう。テロ対策のシステム開発の費用を4，その便益（外部便益）を6とする。2番手でシステム開発をしても便益は0とする。このゲームの均衡を求めよ。

解答：表4.9はベスト・ショット型のゲームを表す。米国がシステム開発をし，日本が現状維持の場合，米国の利得は2($=6-4$)，日本は外部便益6を得るので，その利得は6($=6-0$)である。日本がシステム開発し，米国が現状維持なら，利得は逆になる。両国がシステム開発する場合，外部便益は0なので，両国の利得は共に2($=6-4$)である。

この対称的な2国ゲームには，純粋戦略の範囲で2つのナッシュ均衡がある。現実世界ではゲームは非対称的に行われ，最も脅威を感じている第一攻撃標的の米国が，情報システムの開発やテロ組織潜入を行うことになるだろう。パキスタンのアボッタバードでのビン・ラディンの殺害計画（2011年5月2日）は米国の任務であった。第一攻撃標的のテロ対策能力に限界がある場合には，国際協力が必要になる。

文献案内

Guide to Further Reading

Enders, W. and T. Sandler (2006) *The Political Economy of Terrorism*, Cambridge: Cambridge University Press.
　＊テロリズムに関するゲーム理論によるテキスト。

Krueger, A. (2007) *What Makes a Terrorist: Economics and the Roots of Terrorism*, Princeton: Princeton University Press（藪下史郎訳『テロの経済学』東洋経済新報社，2008年）.

＊経済学によるテロリズムに関するテキスト。

石黒馨（2009）「テロリズムの国際政治経済学——戦略的アプローチ——」『フィナンシャル・レビュー』（財務省）第98号, 84-105頁。
＊テロ対策の国際協力についてゲーム理論を用いて検討している。

第5章
米朝核交渉は成功するか

> **パズル**：1990年代以降，北朝鮮核危機が続いている。米朝核交渉は成功するだろうか。
>
> **解答**：米朝核交渉の基本は対話と圧力の組み合わせである。米朝核交渉が成功するためには，北朝鮮の核開発を断念させなければならない。米国の制裁に十分な信憑性がある場合には，北朝鮮は核開発を断念するだろう。しかし，たとえ米国の制裁に十分な信憑性がない場合でも，北朝鮮の核開発の誘因を取り除くことができれば，北朝鮮の核開発を断念させることができる。

Keywords
北朝鮮核危機，米朝枠組み合意，対話と圧力，6カ国協議，米朝首脳会談，CVID条件，核交渉成功の条件，核開発の誘因，核開発のペナルティ，制裁の信憑性

1 米朝核交渉の経緯

これまで北朝鮮の核危機は3回起きている。第1次北朝鮮核危機は1993年3月に発生し、1994年10月に米朝枠組み合意が行われた。第2次北朝鮮核危機は2003年1月に起き、6ヵ国協議が開催された。2017年、米朝間の挑発の応酬から第3次北朝鮮核危機が起きたが、翌年6月にトランプ・金正恩の初の米朝首脳会談が開催された（表5.1を参照）。

1）北朝鮮の核開発疑惑：北朝鮮は、1970年代から原子力開発を本格化し、1980年代後半頃から核開発計画に着手した。北朝鮮の核開発の軍事的な動機には、次の点が指摘されている。第1に、朝鮮半島に駐留する米軍への対抗。第2に、1970年代後半に実施された韓国の核開発計画への対応。第3に、1990年代初頭の韓国とソ連・中国の国交正常化への対応と、ソ連邦崩壊後における独自の核抑止力の確保である。また核開発の政治的動機には、外交における優位性の確保や、国内的には国威宣揚や体制強化がある。

北朝鮮は、1985年12月に核不拡散条約（NPT）に加盟し、1992年1月に国際原子力機関（IAEA）と保障措置協定を締結した。この間に米国は、1989年に北朝鮮の核燃料再処理施設の存在を確認し、核開発疑惑を強めた。

2）第1次北朝鮮核危機：1993年2月、IAEAは北朝鮮に対して核開発疑惑（プルトニウム型核兵器開発）がある寧辺の原子力施設の特別査察を要求した。これに対して北朝鮮は、同年3月に特別査察の要求を不服としNPT脱退を表明した（第1次北朝鮮核危機）。この直後から米国は北朝鮮の核開発問題に積極的に関与し始めた。

1993年5月、北朝鮮が米国に2国間交渉を提案した。翌月から米朝核交渉が始まり、北朝鮮はNPT脱退を留保した。同年11月、国連総会が北朝鮮にIAEAの核査察の受入を促進する決議を採択し、1994年2月に北朝鮮は、IAEAによる通常査察を受け入れた。しかし同年5月、黒鉛減速炉から使用済み核燃料棒をIAEAの査察官の立ち会いなしに一方的に抽出したために、緊張が高まった。さらに同年6月には北朝鮮がIAEA脱退を表明した。その直後、カーター元大統領が金日成主席と会談し、この危機は回避された。

図 5.1　北朝鮮の核施設

3）米朝枠組み合意：1994年10月，米朝間で寧辺の核施設の全面凍結に関する「米朝枠組み合意」が行われた。ただし，核施設凍結の対象になったのは寧辺だけである。

　1994年の枠組み合意において，北朝鮮は核兵器開発につながる黒煙減速炉を凍結することを約束し，米国はその代替として軽水炉型原発を提供し，軽水炉が完成するまでの代替エネルギーとして重油の供給を約束した。この米朝枠組み合意によって，米国は，北朝鮮の核開発を段階的に放棄させようとした。一方，北朝鮮は，体制存続のために原子力エネルギーを確保し，米朝関係正常化を促進しようとした。

　しかしその後の状況は，米朝両国にとって必ずしも好ましいものではなかった。1995年3月に朝鮮半島エネルギー開発機構（KEDO）が発足したが，軽水炉の建設は計画どおりには進まなかった。代替エネルギーの重油も十分に供給されなかった。北朝鮮は，このような米朝枠組み合意の不履行に対して不満を表明してきた。他方，米国は，1998年8月に発覚した金倉里の地下核施設疑惑や弾道ミサイル・テポドンの発射に対して北朝鮮の合意不履行を非難した。1998年10月に米国議会は，1999年以降のKEDO関連予算の執行にいくつか

表 5.1　米朝核交渉の経緯

年月	米朝核交渉
1985.12	北朝鮮の NPT 加盟
1993.3	北朝鮮が NPT 脱退，**第 1 次北朝鮮核危機**（プルトニウム型核開発）
1994.6	カーター・金日成会談
1994.10	米朝枠組み合意（ジュネーブ合意）
1998.8	金倉里の核疑惑，北朝鮮ミサイル発射実験
2000.6	金大中・金正日の南北首脳会談（第 1 回）
2002.10	ケリー報告（ウラン濃縮型核開発疑惑）
2003.1	北朝鮮が NPT 脱退を表明，**第 2 次北朝鮮核危機**
2003.8	6 ヵ国協議（第 1 回）
2005.2	北朝鮮が核保有宣言
2005.9	6 ヵ国協議，共同声明（北朝鮮の核開発放棄）
2006.10	北朝鮮が核実験（第 1 回），同年 7 月にミサイル発射実験
2007.2	6 ヵ国協議，合意文書（北朝鮮の核廃棄）
2007.10	盧武鉉・金正日の南北首脳会談（第 2 回）
2017.9	北朝鮮が核実験（第 6 回），**第 3 次北朝鮮核危機**
2018.4	文在寅・金正恩の南北首脳会談（第 3 回），板門店宣言
2018.6	トランプ・金正恩の米朝首脳会談

の条件をつけ，従来の北朝鮮に対する政策の全面的再検討を政府に要求した。

米国政府は，ペリー政策調整官の下で北朝鮮政策の見直し作業に入った。1999 年 9 月，「北朝鮮政策に関する報告書」（ペリー報告）が提出された。ペリー報告の基本は**対話と圧力**である。北朝鮮が核・ミサイル開発を放棄すれば，経済制裁を解除し両国の関係正常化を進める（第 1 の道「対話」）。しかし，北朝鮮がこれに応じなければ，核・ミサイル開発の脅威を封じ込める（第 2 の道「圧力」）というものである。

ペリー報告の公表後，米朝交渉は大きく進展した。2000 年 7 月にオルブライト・白南淳の初の米朝外相会談が行われ，10 月には「国際テロに関する米朝共同声明」，朝鮮戦争以来の米朝敵対関係の解消を謳った「米朝共同コミュニケ」が発表された。

4）第 2 次北朝鮮核危機：2001 年の 9.11 事件後，ブッシュ政権は，外交政策や核不拡散政策を大きく転換した。2002 年 1 月に，北朝鮮をイラク・イランと共に「悪の枢軸」として名指し，2003 年 3 月には大量破壊兵器開発疑惑によってイラク戦争を開始した。

2002 年 10 月の米朝会談の席上，米国のケリー国務次官補が北朝鮮のウラン

濃縮型核開発を指摘し，北朝鮮の核開発疑惑が表面化した。米国は，1994年の米朝枠組み合意の破棄を決定する。北朝鮮は，2003年1月，NPT脱退を表明し，第2次北朝鮮核危機（ウラン濃縮型核兵器開発）が発生した。

　2003年4月，北朝鮮は米朝中協議において核開発を認めた。北朝鮮の核開発に関して，2003年8月に第1回**6カ国協議**が開催された。この協議で，米国は核開発阻止，北朝鮮は米朝不可侵条約の締結，日本は核開発阻止と拉致問題の解決，韓国は核開発阻止と南北経済交流の拡大，中国とロシアは北朝鮮の核開発阻止と安全保障を期待した。しかし2005年2月，北朝鮮は正式に核保有を宣言した。2005年9月の6カ国協議では，北朝鮮が核放棄を約束し，その見返りにエネルギー支援を得るという**共同声明**が出された。しかし，2006年10月，北朝鮮は，豊渓里で初の核実験を実施した。国連安保理は，国連憲章第7条にもとづき北朝鮮への制裁決議1718を全会一致で採択した。

　2007年2月の6カ国協議（第5回）で，寧辺の核関連施設を停止し，IAEAの監視を受け入れるという**合意文書**に北朝鮮は同意した。同年10月には，盧武鉉・金正日の第2回南北首脳会談が行われた。しかし，2009年4月に長距離弾道ミサイルの発射実験を行い，国連がこれを批判した。これに反発し，北朝鮮は6カ国協議を脱退した。

　5）**第3次北朝鮮核危機**：2011年12月に金正日が死去し，金正恩体制に代わった。2012年2月，金正恩体制下で初めて，核実験と長距離ミサイル開発の凍結に関する米朝間の合意が行われた。しかし，2013年3月に北朝鮮は原子炉の再稼働を宣言した。2017年7月には，大陸間弾道ミサイル（ICBM）の試射に成功し，同年9月までに6回の核実験を行った。これに対して，米国のトランプ大統領は国連演説で「北朝鮮の完全破壊」を警告した。米朝間で軍事的威嚇の応酬が行われ，第3次北朝鮮核危機が起きた。

　2018年になると北朝鮮は，突如，対話路線に方針を転換する。金正恩朝鮮労働党委員長は，3月に中国の習近平国家主席と会談し，4月には，核実験・ICBM試射の中止と核実験場の廃棄を表明した。文在寅・金正恩南北首脳会談（第3回）では「完全な非核化」を目標とする**板門店宣言**を出した。この宣言で，韓国は北朝鮮の非核化を求め，北朝鮮は朝鮮半島からの米軍の核兵器の撤去を求めた。

2018年6月，シンガポールでトランプ・金正恩の初の米朝首脳会談が行われた。この会談の事前交渉では，①北朝鮮の非核化，②北朝鮮の体制保証，③北朝鮮への制裁解除などの議題が示された。北朝鮮の非核化については，その期限と方法が問題になった。北朝鮮の体制保証については，朝鮮戦争の「終戦宣言」，休戦協定の平和協定への転換，米朝国交正常化などの課題がある。さらに北朝鮮への制裁解除については，制裁解除の時期や経済協力などの問題がある。

北朝鮮の非核化については，米朝首脳会談で具体的な内容は示されなかった。今後，非核化の期限と方法および制裁解除の条件が問題になる。非核化の期限について，米国は，6カ月から2年の短期間での破棄を当初想定していた。北朝鮮は，段階的に長期間をかけた破棄を主張した。非核化の方法については，米国は一括非核化を当初要求したが，北朝鮮は段階的な非核化を主張した。制裁解除の条件について米国は，完全で（Complete）検証可能（Verifiable）かつ不可逆的（Irreversible）な核放棄（Dismantlement）という **CVID条件** を示し，この条件が満たされるまで圧力を維持し，譲歩はしないとした。

2　米朝核交渉の分析枠組み

米朝核交渉において，米国政府は，北朝鮮の核・ミサイル開発を阻止するために，一方では北朝鮮と交渉をしながら，他方では米国議会や同盟国の日本・韓国とも交渉をしなければならない（図5.2を参照）。

不完備情報下の米朝核交渉のモデルを構成しよう（図5.3を参照）。ここでは，米国の制裁について米国が私的情報を持ち，北朝鮮には不確実性がある。北朝鮮は，米国が制裁のルールにコミットする強硬なタイプの米国か，制裁のルールにコミットしない穏健なタイプの米国かを知らない。ゲームは次のように行われる。最初に，北朝鮮が，核開発を断念するか，核開発を促進するかを決定する。次に，米国が，北朝鮮の行動を確認した後，北朝鮮が核開発を促進した場合に，それを制裁するか黙認するかを決定する。

1）アクター：米朝核交渉の主要なアクターは，米国政府（US）と北朝鮮政府（NK）である。両国の交渉代表者は米国大統領と金正恩労働党委員長である。米国政府の交渉目的は北朝鮮の核開発を阻止することである。北朝鮮の核開発

図5.2 米朝核交渉の国際関係

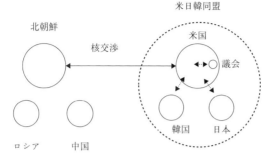

阻止は，核不拡散体制の維持や北東アジアの安全保障という点で重要である。北朝鮮の交渉目的は，制裁解除や経済支援を引き出しつつ，金正恩体制を維持し，米朝国交正常化を実現することである。北朝鮮経済は脆弱であり，制裁解除や経済支援は体制維持のためにも重要である。

米国政府は，北朝鮮と交渉しつつ，米国議会や同盟国の日本や韓国とも交渉を行う。米国はグローバルな安全保障を優先しているが，日本や韓国は北東アジアというリージョナルな安全保障を優先している。また，日本は日本人拉致問題やミサイル問題を重視し，韓国は宥和政策をとっている。

2) 行動空間：北朝鮮の行動は，核開発を促進するか断念するかである。北朝鮮が核開発を断念すれば，米国は経済制裁を緩和し，関係正常化を進める。米国の行動は，北朝鮮が核開発する場合に，それを制裁するか黙認するかである。米国の行動については次のように言い換えることもできる。北朝鮮が核開発を促進する場合に，それを制裁するというルールにコミットするかコミットしないかである。

3) 国際状態：両国の意思決定の結果，3つの国際状態（V, W, X）が生じる。第1は，北朝鮮が核開発を断念し，米国が経済制裁の解除と関係正常化を進める場合（V）であり，ペリー報告の第1の道（対話）である。第2は，北朝鮮が核開発を促進し，米国がそれを制裁する場合（X）である。これはペリー報告の第2の道（圧力）である。第3は，北朝鮮が核開発し，米国がそれを黙認する場合（W）である。これはペリー報告が想定していない第3の道（黙認）である。北朝鮮が核開発を断念するか，その核開発を米国が有効に制裁できれば，

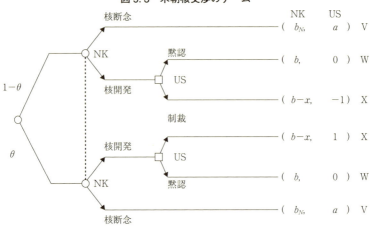

図5.3 米朝核交渉のゲーム

北朝鮮の核問題は解決する。しかし，北朝鮮の核開発が黙認される場合には，北朝鮮の核問題が継続する。

4) 北朝鮮の利得：北朝鮮の利得は，核開発を断念すれば $b_N > 0$，核開発すれば $b(> b_N)$ とする。核開発を断念すれば，米国による制裁解除や関係正常化が行われる。核開発の便益には，国威宣揚，軍事的政治的な優位性の確保，外貨の獲得などがある。米国が核開発を制裁すれば，北朝鮮に x のペナルティが科せられるとする。ここで制裁が有効に機能するために，$b < x$ とする。よって，北朝鮮の選好順序は，W, V, X の順となる。

5) 米国のタイプと利得：北朝鮮が核開発する場合に，それを制裁する場合（X）と黙認する場合（W）のどちらが米国にとって望ましいかは，米国のタイプに依存する。ここで，米国には2つのタイプがあるとする。1つは，制裁のルールにコミットできない穏健な米国である。もう1つは，制裁のルールにコミットできる強硬な米国である。制裁のルールへのコミットにはコストがかかり，そのコストは米国のタイプに依存する。

穏健な米国の場合には，北朝鮮を制裁するコストが大きく，制裁する（X）よりも黙認する（W）ほうを選好する。強硬な米国の場合には，制裁のコストが小さく，黙認する（W）よりも制裁する（X）ほうを選好する。したがって，米国の選好順序は，穏健なタイプの米国は V, W, X の順となり，強硬なタイプの

米国は V, X, W の順になる。

　米国は，北朝鮮が核開発を断念すれば $a(>1)$，北朝鮮の核開発を黙認すれば 0 の利得を得るとしよう。北朝鮮を制裁する場合の利得は，米国のタイプによって異なる。穏健な米国が制裁する場合の利得は，黙認するより小さい -1 となるが，強硬な米国が制裁する場合の利得は，黙認するより大きい 1 とする。

　6) 情報構造：米朝間には情報の非対称性がある。米国のタイプについて米国政府は私的情報を持っているが，北朝鮮には不確実性がある。北朝鮮は，初期に $\theta \in [0,1]$ の主観的確率で米国を強硬なタイプと考えている。この θ は，制裁に関する米国の信憑性を表す。

3　米朝核交渉の分析

3.1　対称情報と制裁能力

　米国のタイプを北朝鮮も知っており，情報の非対称性がない場合について検討しよう。このゲームの均衡は部分ゲーム完全ナッシュ均衡とする。

例題 1　強硬な米国

　米国が制裁のルールにコミットする強硬なタイプの場合，北朝鮮が核開発を断念し，米朝核交渉は成功することを示せ。

　解答：この場合の米朝核交渉は図 5.4 のように表される。後向き帰納法によって最後の米国の行動から検討しよう。強硬な米国は，北朝鮮が核開発する場合に，それを制裁すれば 1，黙認すれば 0 の利得を得る。よって，北朝鮮が核開発をすれば，強硬な米国は北朝鮮を制裁する。北朝鮮は，このような米国の行動を予想し，核開発によって $b-x<0$ の利得を得るよりも，核開発を断念して b_N の利得を得ることを選択する。以上の結果，このゲームの均衡は（核断念，制裁）という戦略の組となる。

例題 2　穏健な米国

　米国が制裁のルールにコミットできない穏健なタイプの場合，北朝鮮が核開発し，核交渉が失敗することを示せ。

図 5.4 強硬な米国の場合

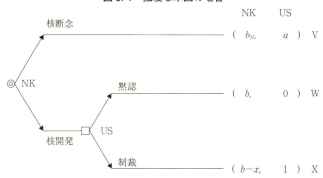

解答：この場合の核交渉は図 5.5 のように表される。このゲームでは，穏健な米国が北朝鮮の核開発を制裁するという威嚇には信憑性がない。北朝鮮が核開発をする場合に，穏健な米国の利得は，北朝鮮を制裁すれば -1，黙認すれば 0 となる。よって，北朝鮮が核開発をしても，その行動を黙認する。北朝鮮は，このような米国の行動を予想し，核開発する。これは米国が回避したい「第 3 の道」である。

情報に不確実性がない場合，米国のタイプが強硬でない限り，核交渉は失敗する。北朝鮮に米国のタイプについて不確実性がある場合には，米国のタイプが穏健の場合でも核交渉が成功する可能性があることを以下で検討しよう。

3.2 米朝核交渉成功の条件

米国の制裁能力について，米国は私的情報を持っているが，北朝鮮には不確実性があるとしよう。このような不確実性下では，穏健なタイプの米国でも北朝鮮の核開発を断念させる場合がある。このとき重要なのは，米国の制裁の信憑性である。

米国のタイプについて，米国は穏健であることを知っているが，北朝鮮はそれを知らない。北朝鮮は，θ の主観的確率で米国が強硬なタイプと考えている。このような核交渉は図 5.3 のように表される。点線で結ばれた節は同一の情報集合に属することを示す。後向き帰納法によって考えれば，最後の手番における穏健な米国の最適応答は黙認であり，強硬な米国の最適応答は制裁である。

図5.5 穏健な米国の場合

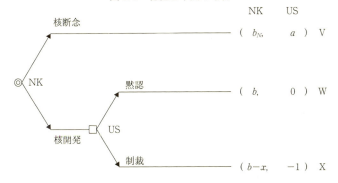

例題3　北朝鮮の核開発断念

不完備情報下で北朝鮮が核開発を断念する条件を求めよ。

解答：北朝鮮の期待利得 Π は，核開発の期待利得と核開発断念の期待利得の合計である。ただし，これらの期待利得は，米国のタイプによって異なる。ここで，北朝鮮が核開発を断念する確率を ρ とする。このとき，北朝鮮の期待利得 Π は①式で表される。

$$
\begin{aligned}
\text{北朝鮮の期待利得 } \Pi &= \text{穏健な米国の場合の期待利得} \\
&\quad + \text{強硬な米国の場合の期待利得} \\
&= (1-\theta)[\rho b_N + (1-\rho)b] + \theta[\rho b_N + (1-\rho)(b-x)] \\
&= -[(b-b_N) - \theta x]\rho + (b - \theta x) \quad \cdots\cdots ①
\end{aligned}
$$

北朝鮮はこの期待利得 Π を最大化するように，その行動 ρ を選択する。北朝鮮の最適応答 ρ^* は，以下のようになる。

$(b-b_N)/x > \theta$ のとき，$\rho^* = 0$
$(b-b_N)/x = \theta$ のとき，ρ^* は0以上1以下のすべての値
$(b-b_N)/x < \theta$ のとき，$\rho^* = 1$

北朝鮮が核開発を断念するのは $\rho^* = 1$ の場合であり，その条件は②式になる。

$$(b-b_N)/x < \theta \quad \cdots\cdots ②$$

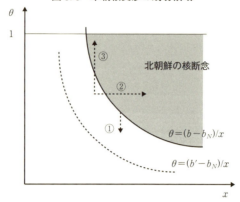

図 5.6　米朝核交渉の成功領域

核交渉成功の条件：米朝核交渉成功の条件は，核開発の誘因 $(b-b_N)/x$ と米国の制裁の信憑性 θ に依存する。θ が十分に大きい場合には，北朝鮮は核開発を断念する。制裁のルールにコミットできない穏健なタイプの米国の場合でも，北朝鮮の核開発の誘因 $(b-b_N)/x$ を低下させることができれば，北朝鮮の核開発を断念させることができる。

図 5.6 は，縦軸に制裁の信憑性 θ，横軸に核開発のペナルティ x をとり，核交渉の成功領域を表したものである。曲線 $(b-b_N)/x=\theta$ は**核交渉の臨界曲線**である。米朝核交渉は，この曲線の右上方領域 $((b-b_N)/x<\theta)$ では成功するが，左下方領域 $((b-b_N)/x>\theta)$ では失敗する。

4　米朝核交渉の処方箋

米朝核交渉を成功させる条件は $(b-b_N)/x<\theta$ である。以下，北朝鮮の核開発の誘因 $(b-b_N)$，核開発のペナルティ x，米国の制裁の信憑性 θ について検討しよう。米国の国内政治や同盟国との協調体制を不安定化させずに，核交渉を成功させるためには，これら 3 つの政策を有効に組み合わせることが必要になる。特定の政策，たとえばペナルティだけに依拠するような方法は有効ではないだろう。

米朝核交渉のロード・マップ：米朝核交渉では，核廃棄から検証までのすべ

てを一度に解決する一括非核化（リビア方式）は難しいだろう。段階的非核化がより現実的である。各段階での基本は対話と圧力である。ステップごとに交渉課題，①核廃棄の対象の申告と確定，②核関連施設の凍結，③検証を伴う廃棄，④NPTへの復帰とIAEAによる査察などを設定する。それが満たされれば譲歩し，満たされなければ圧力をかけることになる。

4.1　核開発の誘因

　北朝鮮が核開発する誘因（$b-b_N$）を低下させれば（図5.6の矢印①），核開発を断念させる可能性は高まる。核開発の誘因を低下させるためには，核開発の利益bを低下させ，核開発断念による利益b_Nを大きくする必要がある。このとき，地域対立の解決や核兵器の無効化が重要になる。

　1) 地域対立の解決：北朝鮮の核・ミサイル開発の利益bを低下させるためには，北東アジアにおける地域対立を解決することが重要になる。そのためには，国際社会が北朝鮮と外交関係を正常化し，北朝鮮を国際社会の一員にする必要がある。南北首脳会談や日朝国交正常化および米国との平和協定の締結は，その意味で重要である。北朝鮮は，各国と国交正常化をすれば，外交交渉で「核カード」を使うことは困難になるだろう。

　北東アジアにおける地域対立の解消のためには，北東アジアに多国間安全保障機構を確立することも1つの方法である。たとえば，対立国を含め地域の関係する諸国がすべて参加し，信頼醸成や紛争解決ルールをつくる多国間の地域安全保障（協調的安全保障）を構想することである。この地域にはかつて6カ国協議があった。これを基礎に，アセアン地域フォーラム（ARF）のような多国間の協調的安全保障を構想することが重要になる。

　2) 核兵器の無効化：北朝鮮の核・ミサイル開発の利益bを低下させるためには，核兵器の軍事的政治的な有効性を低下させることが重要になる。そのためには，国際社会が核の国際管理と核兵器廃絶の方向を示す必要がある。米国の包括的核実験禁止条約（CTBT）への反対は，核兵器廃絶や北朝鮮の核開発阻止を目指す上で問題がある。核兵器の有効性を低下させるためには，北東アジアに非核地帯を形成することも重要になる。

　3) 経済協力：北朝鮮が核・ミサイル開発を外交交渉で経済支援を得るための

手段にしている場合には，核・ミサイル開発断念の利益 b_N を大きくするために，食糧支援や経済協力を実施し，経済制裁を緩和することも1つの方法である。ただし，経済協力には経済制裁と同様に，関係諸国や国内の同意が必要であり，必ずしも容易ではない。

例題4　核開発の誘因
　北朝鮮の核開発の利益 b を削減した場合の効果を図5.6で示せ。
　解答：北朝鮮の核開発の利益 $b'(<b)$ が低下すると，図5.6の双曲線 $(b-b_N)/x=\theta$ が下方にシフトし，北朝鮮の核断念の領域が広がる。

4.2　核開発のペナルティ

　北朝鮮が核・ミサイル開発をするとき，それに対するペナルティ x を大きくすれば（図5.6の矢印②），核開発を断念させる可能性は高まる。その方法として軍事制裁や経済制裁があるが，軍事制裁は政治的コストが大きく，経済制裁には関係諸国の協調が重要になる。

　1) 軍事制裁：北朝鮮の核・ミサイル開発に対するペナルティ x を大きくするためには，軍事制裁の可能性を残す必要がある。第1次北朝鮮核危機の際には，核施設へのピンポイント爆撃が議論された。米国防総省の東アジア戦略報告では，北朝鮮が米朝枠組み合意に反すれば，軍事力で対抗することを明記していた。朝鮮半島有事を想定し，米韓には米韓合同作戦計画5027号（OPLAN 5027）があり，日本は1999年5月に日米防衛協力のためのガイドライン関連法を制定した。

　ただし，北朝鮮への軍事制裁は，同盟国である韓国に大きなコストを負わせることになり，米韓同盟に亀裂を生じさせる可能性がある。軍事制裁に北朝鮮が応戦すれば，韓国軍や韓国国民への大きな被害が予想される。それゆえ，韓国は軍事制裁には消極的である。

　2) 経済制裁：北朝鮮の核・ミサイル開発に対するペナルティ x を大きくするためには，経済制裁を強化することも1つの方法となる。北朝鮮の経済体制は脆弱であり，経済制裁の強化は，経済危機をもたらし政治体制の危機につながる可能性もある。

国連安保理は，2006年10月の北朝鮮の核実験に対して国連憲章第7条にもとづく非軍事制裁決議を全会一致で採択した。この決議は，大量破壊兵器に関連する物資の売却・移転の阻止や金融資産の凍結を明記し，必要に応じて船舶などへの貨物検査を各国に要請した。米国は，北朝鮮の偽ドル紙幣への関与を理由にすでに2005年9月以降，金融制裁を実施していた。日本は，改正外為管理法や特定船舶入港禁止法などの経済制裁法を整備し，北朝鮮の船舶の入港禁止や物品の輸入禁止など独自の制裁措置を実施した。

　2017年9月の北朝鮮の核実験（第6回）に対して，国連安保理は制裁決議を全会一致で採択した。この決議では，北朝鮮への石油分野の供給規制，北朝鮮からの繊維製品の輸入禁止，加盟国による北朝鮮籍の海外労働者に対する労働許可の発給禁止などの措置がとられることになった。また同年12月のICBM発射実験への経済制裁として，北朝鮮への石油精製品供給の90％削減などが追加された。

　経済制裁においては国際社会の協調体制が重要になる。協調体制が不十分ならば，グローバル経済が進展した世界では経済制裁は有効に機能しない。ただし，北朝鮮が核・ミサイル開発を外貨獲得の手段にしている場合には，経済制裁は却ってそれを促進する場合もある。

4.3　制裁の信憑性

　米国が制裁のルールにコミットするという北朝鮮の主観的確率 θ を高めれば（図5.6の矢印③），核開発断念の可能性は高まる。この制裁の信憑性 θ を高めるためには，北朝鮮が核・ミサイル開発をすれば決して黙認せず，北朝鮮に対する制裁に国内政治や同盟国および国際社会が協調体制を堅持することが必要になる。

　米国内では，共和党は北朝鮮に対して軍事力による抑止政策をとっているが，民主党は必ずしもそうではない。同盟国では，日本は，日朝政府間交渉が途絶するなか，政治解決よりも軍事的抑止政策を優先し，新ガイドライン関連法（1999年5月成立）の制定や戦域ミサイル防衛構想による軍事的対応を進めてきた。しかし，宥和政策をとっている韓国の文在寅大統領が日米の対応に同調するとは限らない。また中国やロシアも，軍事制裁には慎重な対応をするであ

ろう。

　米日韓には，北朝鮮が共通の脅威であるという点で認識の一致があり，1999年4月に「日米韓の調整監督グループ」が制度化された。しかし，軍事制裁や経済制裁の実施において，国内政治や同盟国（とくに韓国）および国際社会（とくに中国）の支持を十分に得ることは難しく，制裁の信憑性を十分に確保できない可能性がある。

文献案内
Guide to Further Reading

春原剛（2004）『米朝対立――核危機の十年――』日本経済新聞社。
　＊第1次北朝鮮核危機における米朝対立に関するドキュメント。

藤田直央（2017）『エスカレーション――北朝鮮 vs. 安保理 四半世紀の攻防――』岩波書店。
　＊国連安保理における北朝鮮の核・ミサイル開発をめぐる攻防の記録。

船橋洋一（2006）『ザ・ペニンシュラ・クエスチョン――朝鮮半島第二次核危機――』朝日新聞社。
　＊第2次北朝鮮核危機を巡るドキュメント。

第6章
核不拡散体制は維持できるか

パズル：米ロ中英仏の5大国に核保有を限定する核不拡散体制（NPT: Nuclear Non-Proliferation Treaty）は維持できるか。

解答：NPT体制の維持は，非核保有国の核開発の誘因と核保有国の制裁の信憑性に依存している。核保有国の制裁の信憑性が核開発の誘因に比べて十分に低下すると，NPT体制は崩壊する。1998年5月にインドとパキスタンが相次いで核実験をし，2003年6月にイランの高濃縮ウラン開発が発覚した。2006年10月には北朝鮮が核実験を実施した。これら諸国の核開発や核保有宣言によって，米ロ中英仏の5大国に核保有を限定したNPT体制は重大な危機を迎えている。イランや北朝鮮の非核化に失敗すれば，後続の核保有国が現れ，NPT体制は崩壊する。

Keywords
核不拡散条約（NPT），核兵器禁止条約，核の闇市場，イラン核合意，核不拡散体制の安定条件，サプライサイド・アプローチ，ディマンドサイド・アプローチ，積極的安全保障，消極的安全保障，核開発の誘因，制裁の信憑性，NPT体制維持の機会費用，核廃絶

1 冷戦後の核不拡散問題

冷戦後，米ロ間の核軍縮交渉は前進したが，地域紛争やテロリズムに関連して核拡散の危険性が高まっている（表6.1を参照）。

1.1 米ソ／ロの核軍縮

冷戦期の主要な核問題は米ソ両大国の核軍拡と核軍縮交渉であった。1945年7月に米国が最初の核実験を実施し，その後1949年8月にソ連がそれに続いた。冷戦下で両国は核軍拡競争を行った。1954年に公表された米国の大量報復戦略に対して，ソ連はそれに対抗する核戦力を確保しようとした。このような核軍拡競争の転換点になったのは1962年10月のキューバ危機である。キューバ危機によって核軍拡競争の危険性が一気に認識された。

キューバ危機を契機に，核軍縮交渉が開始された。1960年代後半に，米ソ両国は，核兵器の戦略的安定性を維持する戦略兵器制限交渉（SALT）を開始し，1972年5月に戦略攻撃兵器制限暫定協定（SALT I）に署名した。さらに，1982年に戦略兵器削減交渉（START）を開始し，1987年12月には中距離核戦力（INF）条約を締結した。

1990年代に入ると，米ソ／ロ間の戦略兵器削減交渉はさらに進展した。1991年7月にSTART I条約を締結し（1994年12月に発効），戦略核兵器の弾頭を6000に削減することに合意した。1993年1月に署名されたSTART II条約では，両国はさらに核弾頭を3000-3500に，1997年3月のSTART III条約では2000-2500に削減することに合意した。

1.2 冷戦後の核拡散

冷戦後は，米ロを中心とする世界的な核戦争の危険性は低下したが，中近東，南アジア，朝鮮半島などの地域紛争やテロでの核兵器使用の可能性が高まっている。2003年のイラク戦争後は，「核兵器さえ持てば米国は攻撃しない」と，北朝鮮や反米組織の核開発を促進している。核兵器開発の懸念が持たれてきたのは，NPT署名国のイラク，イラン，リビア，北朝鮮，エジプトと，NPT未署名

第6章 核不拡散体制は維持できるか

表6.1 核拡散問題

年月	核拡散の推移
1970.3	NPTの発効（5年ごとに再検討会議を開催）
1974.5	インドが核実験
1991.7	南アフリカが核放棄・NPT加盟
1993.3	北朝鮮がNPT脱退宣言（第1次北朝鮮核危機）
1994.12	ウクライナが核放棄に合意
1998.5	インド・パキスタンが核実験
2003.1	北朝鮮がNPT脱退宣言（第2次北朝鮮核危機）
2003.6	イランでIAEAが高濃縮ウランを検出
2003.9	リビアが核廃棄に合意
2004.2	核の闇市場（カーン・ネットワーク）の発覚
2004.11	イランがウラン濃縮活動の停止を英仏独と合意
2005.2	北朝鮮が核兵器保有宣言
2005.8	イランがウラン濃縮活動を再開
2006.10	北朝鮮が核実験
2015.7	イラン核合意
2017.7	核兵器禁止条約を国連が採択
2017.9	トランプ大統領の北朝鮮完全破壊演説（第3次北朝鮮核危機）
2018.5	イラン核合意から米国が離脱
2018.6	北朝鮮の非核化に関する米朝首脳会談

国のインド，パキスタン，イスラエルである。これら諸国の核開発には核の闇市場が関係してきた。

1) NPT加盟国：イラクは，湾岸戦争（1991年）後，国際原子力機関（IAEA）による核査察で核兵器の開発が明らかになった。湾岸戦争前の査察では核開発の疑惑がないと言われていたため，IAEAの保障措置の実効性に疑問が持たれた。2003年3月，米英は，イラクが大量破壊兵器を開発しているという疑惑のもとでイラク戦争を開始した。しかし戦後の調査で，イラクにはすでに核兵器は存在していないことがわかった。

イランは，IAEAに未申告のまま大規模な核施設を建設し，2003年6月のIAEAの査察で高濃縮ウランが検出された。2004年11月，イランは，エネルギー・経済協力と引き換えに，ウラン濃縮活動を停止することを英仏独と約束した。しかしその後，欧州との経済協力の内容で折り合いがつかず，2005年8月にウラン濃縮活動を再開した。2015年7月，イランは，米英独仏中ロと「包括的共同行動計画」に合意した。この行動計画（**イラン核合意**）は，①高濃縮

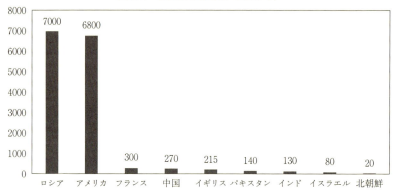

図6.1 核兵器の保有数（2018年）

出所）ストックホルム国際平和研究所（SIPRI）

ウランやプルトニウムを15年間生産停止し，貯蔵濃縮ウラン10トンを300キロに削減する。②遠心分離機1万9000基を10年間で6104基に削減する，というものである。しかし2018年5月，米国は，このイラン核合意の内容が不十分として離脱した。

リビアは，1980-90年代にウラン濃縮計画を推進してきたが，2003年12月に核兵器の開発を認め，即時かつ無条件に放棄すると表明した。IAEAの査察を受け入れ，核開発に関する機材や文書を米国に引き渡した。米国は制裁を解除し，半年後に国交を回復した。リビアの非核化は，短期間に一括して行われたため，**リビア方式**と呼ばれる。エジプトは，IAEAに未申告のままウラン生成実験を実施していた。

北朝鮮は，1992年に実施されたIAEAの査察の結果，核開発疑惑が持たれた。1993年3月にNPT脱退を宣言し，第1次北朝鮮核危機が起きた。その後，米朝枠組み合意が行われたが，2002年10月に再び核開発疑惑が起きた。2003年1月に北朝鮮はNPT脱退を宣言し，第2次北朝鮮核危機が発生した。2005年2月に核保有宣言をし，2006年10月の初の核実験以降，2017年9月までに6回の核実験を行った。トランプ大統領が国連で北朝鮮の完全破壊演説を行い，第3次北朝鮮核危機に繋がった。その後2018年6月に，米朝首脳会談が行われたが，北朝鮮の具体的な非核化計画は示されなかった。

2）NPT未加盟国：インドは，独立以来，中国やパキスタンと領土問題を巡っ

て対立してきた。1964年の中国の核実験がインドに核開発の誘因を与えた。第3次印パ戦争直後の1972年1月にパキスタンが核開発に着手し，それを受けてインドは1974年5月に核実験を行った。1998年3月に核開発を綱領に掲げるインド人民党が連立政権を樹立し，その直後の同年5月に核実験に踏み切った。

パキスタンは，インドの核に対抗するために核開発を推進してきた。パキスタンは，インドの大国主義に脅威を感じ，中国との友好関係を強めてきた。パキスタンの核兵器は，「イスラムの核」としてイスラム原理主義によるテロリズムに利用される危険性もある。2004年2月に，カーン博士による**核の闇市場**（カーン・ネットワーク）が明らかになり，核開発技術がパキスタンから闇のルートで北朝鮮や中近東に流出している。

イスラエルは，1950年代からフランスの技術協力を得て核開発計画を進め，核兵器をすでに配備していると言われている。しかし，核兵器保有を肯定も否定もしない「あいまい政策」をとっている。イスラエルの核問題にはホロコーストの歴史が背景にある。ユダヤ民族の悲劇を繰り返さないために核武装をするというのがイスラエルの論理である。

3）核保有国：米国では，2001年の9.11事件以降，北朝鮮・イラク・イランを「悪の枢軸」（2002年1月）と非難し，新たな脅威への対応がブッシュ・ドクトリン（2002年9月）として重視された。実効性がある核抑止力を確保し，テロ組織や「ならず者国家」に対抗するために，地中貫通型小型核兵器の研究開発が検討されてきた。

ロシアでは，冷戦後の軍縮によって失業した科学者のイランや北朝鮮への頭脳流出の危険性が浮上した。また1990年代には，管理が手薄になった高濃縮ウランやプルトニウムなどの核物質の盗難・密売による紛失事件が相次いだ。このようなロシアの状況に対して，2002年のG8サミットでロシアの核物質の管理に対する多国間支援が決まった。

ウクライナは，ソ連邦時代の核兵器（核弾頭1200発以上）について，1994年12月に米英ロとブダペスト覚書を交わした。1994-1996年の間に体制保証（独立・主権・国境維持）と引き替えに核兵器をロシアに移転し，段階的に非核化（**ウクライナ方式**）を実施した。しかし，2014年12月，ロシアは，ウクライナ

国内の混乱に乗じて，クリミアを軍事制圧し，その後クリミアをロシアに併合した。

1.3 核不拡散体制の形成

核不拡散体制は核不拡散条約（NPT）とそれを補完する条約によって構成されている。

1) 核不拡散条約：NPT は，1968 年 7 月に米ソ中英仏の 5 大国以外の核保有を禁止することを目的に調印され，1970 年 3 月に発効した。25 年間の条約の有効期限が切れた 1995 年 5 月に NPT 再検討会議が行われ，条約の無期限延長が決定された。国際社会の圧倒的多数の諸国が参加しているが，インド，パキスタン，イスラエルは参加していない。インドはとくに，核保有国と非核保有国の不平等を不参加の理由に挙げている。

NPT 体制には以下のような原則や規範がある。第 1 に，核兵器の保有を 5 大国に限定し，それ以外の諸国の核保有を認めない。第 2 に，原子力を平和利用に限定し，NPT 締約国の平和利用を促進する。第 3 に，核保有国は核軍縮を誠実に交渉する。このような原則や規範の実現のために，必要な規則や意思決定手続きが NPT には規定されている。ただし，制裁のルールは，NPT 体制では必ずしも明示されていない。

2) 核不拡散の補完体制：NPT 条約は，IAEA の核査察・検証，核関連資機材の輸出管理，包括的核実験禁止条約（CTBT: Comprehensive Nuclear Test Ban Treaty），非核兵器地帯条約などによって補完されている。イラクの核開発が発覚した後，IAEA の保障措置が強化された。核兵器関連資機材の輸出管理については，2004 年 6 月，G8 が，輸出管理，拡散防止構想（PSI），濃縮ウラン・プルトニウム再処理の機材・技術の移転制限などに関する「大量破壊兵器不拡散行動計画」を発表した。

CTBT は，1996 年 9 月に国連総会で採択されたが，核保有国を含む 44 カ国の批准が条約発効の条件になっている。非核兵器地帯条約は，特定の地域における核兵器の生産・取得・配備を禁止するものであり，この条約が実効性を持つためには核保有国の核不使用宣言が重要になる。濃縮ウランやプルトニウムのような兵器用核分裂物質の生産禁止（カットオフ）条約は，1993 年に米国に

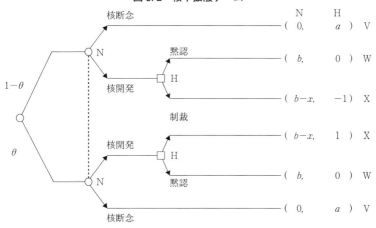

図6.2 核不拡散ゲーム

よって提案され，1998年8月に特別委員会が設置されたが，交渉は進展していない。

3) 核兵器禁止条約：2017年7月，国連で核兵器禁止条約（Nuclear Weapon Ban Treaty）が122カ国・地域の賛成で採択された。この条約は，核兵器の全廃と根絶，すなわち核兵器の開発・実験・製造・保有・移転・使用と核兵器による威嚇を禁止し，核兵器の廃絶を目的としている。この条約の特徴は，5大国の核保有を認めた不平等なNPTと異なり，すべての国の核兵器を禁止したことである。またこの条約の国連採択には，ICAN（核兵器廃絶国際キャンペーン：2017年ノーベル平和賞受賞）のようなNGOが大きな役割を果たした。ただし，核保有国や日本はこの条約に参加していない。

2 核不拡散体制の分析枠組み

核不拡散の簡単な不完備情報ゲームを構成しよう（第5章のモデルを参照）。最初に，非核保有国は，核不拡散体制のもとで核開発を断念するか，核開発をするかを決定する。次に，核保有国は，非核保有国のこの行動を確認した後，非核保有国が核開発をした場合に，それを制裁するか黙認するかを決定する（図6.2を参照）。

1) **アクター**：核不拡散ゲームの主要なアクターは，核保有国と非核保有国である。核保有国とは米ロ中英仏の5大国である。ここでは，この核保有5大国を1人のプレイヤーとして扱う。非核保有国はその他の潜在的核開発国である。核保有国と非核保有国の選択肢はそれぞれ2つとする。非核保有国の選択肢は，核開発を断念するか，核開発をするかである。核保有国の選択肢は，非核保有国が核開発する場合に，それを制裁するか，その核開発を黙認するかである。

2) **国際状態**：核保有国と非核保有国の意思決定の結果，3つの国際状態が生じる。1つは，非核保有国が核開発を断念し，核不拡散体制に協力する場合（V）であり，2つめは，非核保有国が核開発し，核保有国がそれを黙認する場合（W）である。3つめは，非核保有国が核開発し，核保有国がそれを制裁する場合（X）である。非核保有国が核開発を断念するか，その核開発を核保有国が有効に制裁できれば，核不拡散体制は安定する。しかし，非核保有国の核開発が黙認される場合には，核不拡散体制は不安定化する。

3) **非核保有国の利得**：非核保有国の利得は，核保有を断念すれば0，核兵器を保有すれば$b(>0)$とする。この利得bは，核保有の便益dから核開発のコストcを控除した純便益（$b=d-c$）である。核保有の便益dには，周辺の敵対諸国に対する軍事的な安全保障や政治的な優位性の確保，国際社会における政治的威信の高揚などがある。核抑止のディマンドサイド・アプローチは核保有の便益dを重視し，サプライサイド・アプローチは核開発のコストcを重視する。

核保有国が非核保有国を制裁すれば，非核保有国にペナルティxが科せられるとする。非核保有国へのペナルティは，現状では多くは経済制裁であり，経済援助の停止，金融取引規制，貿易・直接投資規制などである。ここで制裁が有効に機能するために$b<x$とする。核保有国が制裁する場合，非核保有国の利得は$b-x<0$となる。よって，非核保有国の選好順序は，W, V, Xの順となる。

4) **核保有国のタイプと利得**：非核保有国が核開発する場合に，それを制裁する場合Xと黙認する場合Wのどちらが望ましいかは，核保有国のタイプに依存する。ここで，核保有国には2つのタイプがあるとする。1つは，制裁のルールにコミットできない脆弱な核保有国である。もう1つは，制裁のルールに

コミットできる頑強な核保有国である。制裁のルールへのコミットにはコストがかかり，そのコストは核保有国のタイプに依存する。

核保有国の利得は，非核保有国が核不拡散体制に協力すれば $a(>1)$，非核保有国の核開発を黙認すれば 0 とする。非核保有国を制裁する場合の利得は，核保有国のタイプによって異なる。脆弱な核保有国の場合には，黙認するより小さい -1 となるが，頑強な核保有国の場合には，黙認するより大きい 1 とする。よって，核保有国の選好順序は，脆弱な核保有国は V, W, X の順となり，頑強な核保有国は V, X, W の順になる。

5) 情報構造：核保有国と非核保有国には情報の非対称性がある。核保有国のタイプについて核保有国は私的情報を持っているが，非核保有国には不確実性がある。非核保有国は，初期に θ の主観的確率で核保有国を強硬と考えている。核保有国の制裁に関する信憑性はこの θ で表される。

3 核不拡散体制の分析

3.1 対称情報と制裁能力

最初に，非核保有国に不確実性がなく，情報が対称的な場合について検討しよう（第 5 章参照）。頑強な核保有国の場合には，非核保有国が核開発を断念し，核不拡散体制は安定する。頑強な核保有国は，非核保有国が核開発する場合に，それを制裁すれば 1，黙認すれば 0 の利得を得る。それゆえ，非核保有国の核開発を制裁する。非核保有国は，このような核保有国の行動を予想し，核開発を断念する。このゲームの均衡は（核断念，制裁）という戦略の組である。

脆弱な核保有国の場合には，非核保有国が核開発し，核不拡散体制は不安定化する。このゲームでは，脆弱な核保有国が非核保有国の核開発を制裁するという威嚇には信憑性がない。非核保有国が核開発をする場合に，脆弱な核保有国の利得は，非核保有国を制裁すれば -1，黙認すれば 0 となる。よって，非核保有国が核開発をしても，その行動を黙認する。非核保有国は，このような核保有国の行動を予想し，核開発する。このゲームの均衡は（核開発，黙認）という戦略の組である。

例題1　覇権安定論

この核不拡散モデルを用いて覇権安定論による核拡散論について検討せよ。

解答：このモデルでは，核保有国の制裁は核不拡散体制を安定させ，その能力の低下は核不拡散体制を不安定化させる。この結果は，覇権安定論による核拡散論と同じである。覇権安定論によれば，ソ連邦の崩壊は，その影響下にあった諸国の核開発に対する制裁能力を低下させた。ロシアの制裁能力がもっと有効に機能すれば，イラクや北朝鮮は核開発計画をより慎重に進めた可能性がある。

しかし，このような覇権安定論には次のような問題がある。覇権安定論によれば，核不拡散体制の安定のためには制裁能力を持つ頑強な覇権国が必要になる。それゆえ，覇権後退期には，核拡散を防止することはできない。核拡散を防止するには，古い覇権国の復活か新たな覇権国を期待する以外にない。

3.2　核不拡散体制の基本命題

核保有国の制裁能力について，核保有国は私的情報を持っているが，非核保有国には不確実性がある不完備情報ゲームについて検討しよう。不完備情報下では，脆弱な核不拡散体制でも安定する場合がある。このとき，核保有国の制裁の信憑性が重要になる。

核保有国は，核保有国（NPT体制）のタイプが脆弱であることを知っているが，非核保有国はそれを知らないとしよう。非核保有国は，θの主観的確率で頑強な核保有国と考えている。このような核不拡散ゲームは図6.2のように表される。点線で結ばれた節は同一の情報集合に属することを示す。最後の手番における脆弱な核保有国の最適応答は黙認であり，頑強な核保有国の最適応答は制裁である。

核不拡散体制の安定条件：最初の手番における非核保有国の戦略は，核開発の誘因b/xと核保有国の制裁の信憑性θに依存する。①式のように，θが十分に大きい場合には，非核保有国は核開発を断念する（①式の導出については第5章を参照）。この式は，核不拡散体制の安定条件を表す。

$$b/x < \theta \quad \cdots\cdots ①$$

図6.3 核不拡散体制の安定領域

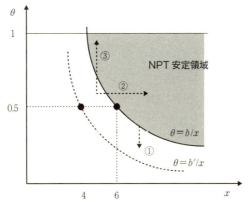

不完備情報下では核保有国が脆弱でも,核保有国の制裁に十分な信憑性 $\theta(>b/x)$ があれば,非核保有国の核開発を断念させ,核不拡散体制を安定させることができる。

図6.3は,縦軸に制裁の信憑性 θ,横軸に核開発のペナルティ x をとり,核不拡散体制の安定領域を表したものである。曲線 $b/x=\theta$ は**核不拡散の臨界曲線**である。核不拡散体制は,この曲線の右上方領域 ($b/x<\theta$) では安定的に維持される。しかし,左下方領域 ($b/x>\theta$) では不安定化し,非核保有国が核開発を行う。

4　核不拡散の処方箋

核不拡散体制の安定条件は $b/x<\theta$ である。以下,核開発の誘因 b,核開発のペナルティ x,制裁の信憑性 θ という点から,この安定条件について検討しよう。

4.1　核開発の誘因

核不拡散体制を安定させる1つの方法は,非核保有国が核保有によって得られる利得 b を低下させ,核開発の誘因を取り除くことである。核保有の利得 b の低下には,核開発のコスト c の上昇(核査察,輸出管理)か,核保有の便益 d

の低下（地域紛争の解決，安全保障，核軍縮）がある。

例題2　核開発の誘因の削減

図6.3において核開発の誘因を取り除く場合の効果を図示せよ。

解答：核開発の誘因を取り除くと，核不拡散の臨界曲線が下方にシフトし（図6.3の矢印①），核不拡散の安定領域が広がる。初期に，核開発の誘因を$b=3$としよう。ここで，核開発の誘因を$b=2$に削減すると，核不拡散の臨海曲線$b/x=\theta$が下方にシフトし，核不拡散の安定領域が広がる。

1) 核開発のコスト：サプライサイド・アプローチは，核開発のコストcを上昇させる政策であり，IAEAの核査察・検証や核関連資機材の輸出管理などを重視する。核関連資機材の輸出規制についてはザンガー委員会が，リストを作成し，すべての品目を原則的に規制するキャッチオール規制を実施している。2004年6月，G8は，核関連資機材の移転制限に関する「大量破壊兵器不拡散行動計画」を発表した。

2) 地域紛争の解決：ディマンドサイド・アプローチは核保有の便益dを低下させる政策であり，地域紛争や領土問題を解決することが重要になる。北朝鮮の非核化においては，朝鮮戦争（1950-53年）の終戦宣言を行い，休戦協定（1953年）を平和協定に転換することが重要になる。その上でさらに，米朝国交正常化が実現すれば，北朝鮮の核開発の誘因は低下する。北朝鮮は，朝鮮半島に駐留する米軍に対して脅威を感じている。

ブラジルは1980年代にアルゼンチンと競い合って核開発を計画した。しかし1990年代になって両国の対話が進み，安全保障の問題が解決すると，1991年7月に核開発の放棄とIAEAの核査察受け入れで合意した。アルゼンチンが1995年にNPTに加盟すると，ブラジルも1998年7月にNPTへの加盟とCTBTの批准を決めた。

南アフリカ共和国も，1970年代にソ連に支援されたアンゴラの脅威に対抗するために核開発を進めた。しかしその後，その脅威がなくなると共に核兵器・核施設を解体し，1991年にNPTに加盟し，1993年に核廃棄を宣言した。

3) 安全保障：核開発を断念させるためには，その代償として非核保有国の安

全を保障することも重要である。そのための措置として，積極的安全保障や消極的安全保障および非核地帯の拡大などがある。リビアやウクライナは，核廃棄や核移転の代償として安全保障を要求した。米朝核交渉では，北朝鮮も体制保障を要求している。

積極的安全保障は，核の攻撃や威嚇を受けた国に対して国連安保理を通じて対抗措置をとるものである。1995年4月に国連安保理が積極的安全保障に関する決議を全会一致で採択したが，法的な拘束力はない。**消極的安全保障**は，核保有国が非核保有国に対して核兵器を使用しないことを約束するものである。1995年4月に核保有5大国がジュネーブ軍縮会議で消極的安全保障宣言をしているが，これも法的拘束力はない。

非核地帯は，一定の地理的範囲において核兵器を排除するものである。これまでラテンアメリカのトラテロルコ条約（1968年発効），南太平洋のラロトンガ条約（1986年発効），東南アジアのバンコク条約（1997年発効），アフリカのペリンダバ条約（2009年発効），中央アジア非核兵器地帯条約（2009年発効）などが発効している。これらの非核地帯条約は，核兵器の通過や一時寄港を許しているという点では完全なものではない。

4) **核軍縮**：非核保有国の核開発を断念させるためには，核兵器が軍事的政治的に有効であるという姿勢を核保有国がとらないことが重要である。たとえば，国連の安全保障理事会の常任理事国が核保有5大国に独占されるのではなく，非核保有国が常任理事国になる可能性を検討することも重要かもしれない。

サプライサイド・アプローチには技術的経済的に限界があり，ディマンドサイド・アプローチも，地域紛争の解決や非核保有国の安全保障および政治的威信としての核保有などを考えると，現状では完全なものではない。

4.2 核開発のペナルティ

核不拡散体制の安定性を高めるためには，核開発に対してペナルティ x を科すことも1つの方法である。そのための措置として軍事制裁や経済制裁が考えられる。しかし，軍事制裁については現状ではきわめて困難である。経済制裁に対する各国の見解の不一致や経済活動のグローバル化は，経済制裁の効果を弱める。

例題 3 核開発のペナルティ

図 6.3 において核開発のペナルティを強める場合の効果を図示せよ.
解答：核開発のペナルティを強めると，非核保有国の状態が右方向に（図 6.3 の矢印②），核不拡散の安定領域に向かって移動する.

1) 国際協調：経済制裁に対する国際社会の見解の不一致はその効果を弱める. インドとパキスタンの核実験の直後から，米国は，国内法に基づいて経済制裁を発動し，経済援助の凍結や武器・戦略物資の輸出の停止を行った. 日本も経済協力を停止したが，英仏中ロは経済制裁に反対した. 国際協調が十分でなければ，経済制裁の効果は弱まる.

米国自身も，2001 年のイスラム原理主義過激派による 9.11 事件後，対アフガニスタン包囲網の協力を得るために，インドとパキスタンへの制裁を解除した. パキスタンは，対米協力の見返りに，5 年間で 30 億ドルの経済軍事援助を米国から得た. インドも経済成長を武器に，2006 年 3 月に民生用核技術の協力で米国と合意した.

北朝鮮の核実験やミサイル発射に対する国連安保理の制裁決議は，2006 年 10 月以降 2017 年末までに 10 回採択されている. この中には，石油精製品の供給制限，産業用機械や運搬用車両の輸出制限，海外で働く北朝鮮人労働者の本国への送還，海外金融資産の凍結などがある. しかし，このような経済制裁も中国やロシアのように消極的だと，その効果は限られる.

米国は，2018 年 5 月にイラン核合意から離脱し，イランに対する経済制裁を再開した. しかし，英独仏は，イラン核合意を維持し，イランへの経済支援を継続している. このとき，米国の経済制裁にはより大きなコストが伴い，米国は，イランとより厳しい核合意を再交渉することは難しくなるだろう.

2) 直接投資：被制裁国への直接投資が経済制裁の効果を弱める可能性がある. 日米などの経済制裁に対して，インドは経済自由化で対抗した. インドは，1991 年 7 月の新経済政策の実施以降，経済自由化政策を推進してきた. これを機に，対インド直接投資が急速に拡大した. 核実験直前の 1998 年 4 月にはいっそうの経済自由化を打ち出していた.

インドの戦略は，10 億人の巨大な国内市場や外国民間企業を人質にしたもの

である．インドへの直接投資は，米系企業を筆頭に米英独企業が中心であり，インドの国内市場を対象にしたものである．米国のインドへの経済制裁は，米国企業を不利にし，欧州企業を有利にする．米国企業による制裁解除の圧力が米国政府に加えられた．

3) 輸出市場：経済制裁が有効に機能するためには，制裁国の国内企業の同意が必要になる．インドとパキスタンは米国農産物の重要な輸出市場であり，これも制裁解除の方向に作用した．米国の農業団体は，経済制裁によってカナダや豪州にその市場を奪われることを恐れ，米国議会に圧力をかけた．その結果，農務省の信用保証を経済制裁の例外とすることが議会で決定された．

軍事制裁の実施は現状では容易ではない．経済制裁は，核開発に対して核保有国や国際社会の政治的意思を示すという点では重要である．しかし，一般にそのコストは核開発国や制裁国の国民によって負担され，被制裁国政府の核開発の意思を変更させるには必ずしも有効ではない．

4.3　核不拡散体制の信頼性

核不拡散体制を安定させるもう1つの方法は，制裁に関する核保有国の信憑性 θ を高めることである．この信憑性は，非核保有国の核開発をつねに制裁することによって高めることができる．しかし，このルールの適用に例外をつくれば，信憑性は低下する．

例題4　制裁の信憑性
図 6.3 において核保有国の制裁の信憑性が高まる場合の効果を図示せよ．
解答：核保有国の制裁の信憑性が高まると，非核保有国の状態が上方向に移動し（図 6.3 の矢印③），核不拡散の安定領域に移動する．

インドとパキスタンの核実験の後，米国は経済制裁を実施したが，他の核保有国や国連安保理は米国に同調しなかった．NPT 体制の安定化において重要なのは，非核保有国の核開発には，核保有国が制裁のルールにコミットするという姿勢を明確に示すことである．もし核開発に明確な態度を示さなければ，核保有国は核開発を黙認するというシグナルを非核保有国に与え，北朝鮮のよ

うに後続の核開発を許すことになる。イランや北朝鮮に対する核保有国や国際社会の対応を潜在的核保有国は注視している。

トランプ政権のイランと北朝鮮への対応は，NPT体制の信頼性を低下させる可能性がある。米国は，不十分な非核化の合意を拒否することをイランや北朝鮮に示そうとした。しかし，米国のイラン核合意からの離脱によって，北朝鮮は米国との合意に慎重になる可能性がある。米国が国際合意を破棄する信頼できない国家であると判断すれば，非核保有国は，米国との交渉に慎重になるだろう。

5 NPT体制を超えて──核廃絶に向けて

NPT体制の安定のためには，$b/x<\theta$という条件を満たさなければならない。この条件を満たすことができない場合には，核拡散を止めることはできない。このとき，NPT体制の枠組みを超える新たな国際レジームの検討が必要になる。そのような方向での1つの政策は，核保有国と非核保有国の差別をなくし，核保有国の大幅な核削減と核の国際管理によって核廃絶に向かうことである。

NPTの第6条には，核保有国が核軍縮に向けて誠実に交渉を行うことが規定されている。核不拡散体制の安定のためには，この条項に則り，核保有国が期限を決めて核廃絶を明確に示すことが必要である。核の国際管理や**核廃絶**はNPT体制の原則ではない。そのような原則や規範の確立は，新しい国際レジームを形成することになる。2017年7月に国連で採択された核兵器禁止条約はその第一歩である。

新しい核不拡散の国際レジームの可能性はあるだろうか。現行のNPT体制維持の機会費用が新たな国際レジーム形成の取引費用よりも十分に大きい場合には，利己的な核保有国であっても，それに同意する可能性がある。NPT体制維持の機会費用とは，この体制によっては得られない利益，すなわち代替的な体制のもとで得られる核不拡散の利益である。新たな核開発国の登場や核廃絶の国際世論の高揚，たとえば核兵器禁止条約の国連採択は，NPT体制維持の機会費用を大きくするだろう。

文献案内

Guide to Further Reading

Perry, W.(2015) *My Journey at the Nuclear Brink*, Stanford: Stanford University Press(松谷基和訳『核戦争の瀬戸際で』東京堂出版, 2018 年).
　＊ペリー元米国防長官の核戦争の危機への警鐘。

Sagan, S. & K. Waltz(1995) *The Spread of Nuclear Weapons: An Enduring Debate*, New York: W. W. Norton & Company(川上高司監訳『核兵器の拡散——終わりなき論争——』勁草書房, 2017 年).
　＊核拡散に関するリアリストの論争。

Wilson, W.(2013) *Five Myths About Nuclear Weapons*, Boston: Houghton Mifflin Harcourt(広瀬訓監訳『核兵器をめぐる5つの神話』法律文化社, 2016 年).
　＊核兵器に関する5つの神話について検討している。

第Ⅲ部

貿易と移民

第7章
自由貿易か保護貿易か

> **パズル**：自由貿易が望ましいのか，それとも保護貿易が望ましいのか。
>
> **解答**：GATT/WTOの原則は貿易自由化である。貿易自由化は，経済厚生の改善が期待されるが，現実には必ずしも順調に進展していない。自由貿易擁護論は資源配分の効率性を強調する。これに対して，保護貿易擁護論は，市場の失敗，規模の経済，取引費用，集合行為論などによって保護貿易の根拠を説明する。自由貿易が望ましいか保護貿易が望ましいかは，社会的厚生関数をどのように想定するかによって解答が異なる。

Keywords
貿易自由化，自由貿易協定，貿易創出効果，貿易転換効果，交易条件効果，非生産的な利潤追求活動，市場の失敗，最適関税論，集合行為論，貿易自由化のジレンマ

1 貿易自由化の経済効果

GATT/WTO (General Agreement on Tariffs and Trade/ World Trade Organization) の基本原則は，貿易自由化であり，関税の無差別的な撤廃である。しかし，GATT/WTO の多国間貿易自由化交渉が難航するなか，自由貿易協定（FTA: Free Trade Agreement）や関税同盟（CU: Customs Union）のような差別的な貿易協定が締結されている。これらの自由貿易協定は，域内では関税を撤廃し貿易自由化を行うが，域外には関税を維持し保護貿易を行う。

1.1 自由貿易協定

特定の国や地域の間で貿易を自由化する協定を**地域貿易協定**という。地域貿易協定には，FTA や CU がある。FTA では，域外国に対する関税は各国が自由に設定する。CU では，域外国に対して各国は共通の関税を課す。経済連携協定（EPA: Economic Partnership Agreement）は，FTA と同様に域内の関税削減を行うが，貿易自由化だけではなく国内制度やルールの調整および人の移動などに関する合意を含む。米国・カナダ・メキシコの NAFTA（North American Free Trade Agreement）は FTA であり，欧州連合（EU: European Union）は CU である。日本は，アジア諸国を中心に EPA や環太平洋経済連携協定（TPP: Trans-Pacific Partnership）を締結している。

FTA では各国が域外国に対して異なる関税率を設定するので，域外国は，低関税国を経由して高関税国に輸出するという迂回輸出を行う可能性がある。このような迂回輸出は FTA の貿易偏向効果と呼ばれる。域外国の迂回輸出を防止するために，FTA 締結国は原産地規則を設定している。**原産地規則**は，FTA 締結国を原産地とすることを一定の基準によって認められた財に対してのみ無税を適用するものである。

バラッサ（Balassa, B.）は，経済統合の度合いを① FTA，② CU，③共同市場，④経済同盟の 4 つに分類した。共同市場（Common Market）は，財・サービスの自由化だけではなく，資本や労働力など生産要素の域内移動の自由化も実施する。経済同盟（Economic Union）は，さらに共通の金融政策や財政政策などを各

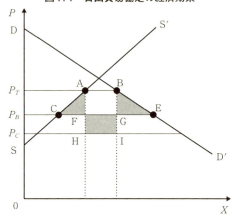

図7.1 自由貿易協定の経済効果

国が実施する。EUは，1957年のローマ条約によって財・サービスの域内自由化を目指すと共に，CUとして対外共通関税を設定した。さらに，1992年のマーストリヒト条約によって経済・通貨統合に合意し，1999年のユーロの発行と共にユーロ圏では共通の金融政策を実施している。

FTAの多くは，この30年くらいの間に締結されている。覇権安定論によれば，FTA締結の増大は，米国の覇権の後退と関係がある。覇権安定論では，自由貿易体制は覇権国によって形成され維持される。1980年代以降の覇権国／米国の経済力の後退は，自由貿易体制を後退させた。その結果，域外に対して差別的なFTAが1990年以降急速に締結されるようになった。

1.2 自由貿易協定のモデル

A国，B国，C国の3国からなる市場統合モデルを検討しよう。図7.1の縦軸は価格P，横軸は数量Xを表し，曲線SS'はA国の国内供給曲線，曲線DD'はその国内需要曲線を表す。水平価格線P_BはB国からのA国の輸入価格，P_CはC国からの輸入価格を表す。B国はC国よりも生産効率が悪く，A国の輸入価格は$P_B>P_C$とする。またA国は小国であり，両国からの輸入価格に影響を及ぼさないとする。

A国は，FTAを締結する前には両国に同率の輸入関税tを課している。関

第7章 自由貿易か保護貿易か

表7.1 自由貿易協定の経済効果

	FTA締結前	FTA締結後	変化
消費者余剰	$\triangle DP_TB$	$\triangle DP_BE$	$\Box P_TP_BEB$
生産者余剰	$\triangle P_TSA$	$\triangle P_BSC$	$-\Box P_TP_BCA$
関税収入	$\Box AHIB$	0	$-\Box AHIB$
総余剰	$\triangle DP_TB+\triangle P_TSA+\Box AHIB$	$\triangle DP_BE+\triangle P_BSC$	$\triangle ACF+\triangle BGE-\Box FHIG$

税を課した後の輸入価格はC国のほうが低いので（$P_B+t>P_C+t$），FTAを締結する前にはA国はC国から輸入する。その国内価格は$P_T=P_C+t$であり，輸入量はABである。このとき，A国の社会的余剰は，消費者余剰 $\triangle DP_TB$ ＋生産者余剰 $\triangle P_TSA$ ＋関税収入 $\Box AHIB$ で表される。

このような状況でA国がB国とFTAを締結するとしよう。このFTAによって，B国からの輸入品は関税免除になるが，C国からの輸入品には関税が維持される。このとき，B国からの輸入価格 P_B はC国からの輸入価格 P_T よりも低くなる（$P_T=P_C+t>P_B$）。この結果，C国からの輸入がなくなり，輸入先がB国に代わる。FTAによって輸入量はABからCEに増大する。A国の社会的余剰は，消費者余剰 $\triangle DP_BE$ ＋生産者余剰 $\triangle P_BSC$ で表される。

1.3 自由貿易協定の経済効果

FTA締結前後の経済厚生を比較しよう（表7.1を参照）。FTA締結前の経済厚生は消費者余剰 $\triangle DP_TB$ ＋生産者余剰 $\triangle P_TSA$ ＋関税収入 $\Box AHIB$ であり，FTA締結後の経済厚生は消費者余剰 $\triangle DP_BE$ ＋生産者余剰 $\triangle P_BSC$ である。FTAの締結によって，経済厚生は $\triangle ACF+\triangle BGE-\Box FHIG$ だけ変化する。

FTAによって国内価格が低下し，消費量が増えるので，消費者余剰が増大する。消費者余剰の増分は，一部は関税収入の減少や生産者余剰の減少によって相殺されるが，ネットでは $\triangle ACF+\triangle BGE$ の増加がある。消費者余剰の増加は，FTAによって域外の高価格国から域内の低価格国へ輸入先が転換し，価格低下と輸入増大によってもたらされる。このような経済厚生の改善をFTAの**貿易創出効果**という。

他方，FTAによって域外の効率的な生産国から域内の非効率的な生産国に

表7.2 各国の生産コストとA国の関税率

	A国	B国	C国	関税率
CASE ①	1000 円	900 円	900 円	20%
CASE ②	1000 円	900 円	900 円	10%
CASE ③	1000 円	800 円	700 円	20%

輸入が転換し，輸入価格は P_C から P_B に上昇する。そのため，B国への関税を撤廃しても価格の低下は関税の大きさよりも小さい。その結果，関税撤廃による関税収入の減少 □AHIB は，一部 □AFGB は消費者余剰の増大によって相殺されるが，□FHIG は消費者余剰の増大では相殺されず，損失として残る。域外の効率的な生産国から域内の非効率的な生産国へ輸入先が転換することによって経済厚生が悪化することを**貿易転換効果**という。

　FTA の締結は必ずしも経済厚生を改善しない。FTA の締結によって経済厚生が改善するか悪化するかは，貿易創出効果 △ACF＋△BGE と貿易転換効果 □FHIG の大きさに依存する。A国がC国のような効率的な国とFTAを締結すれば，経済厚生は改善される。しかし，B国のような非効率的な国と締結する場合には，経済厚生が悪化する場合もある。原産地規則によって非効率的な域内での部品・中間財の調達が増大すると，このような部品・中間財部門で貿易転換効果が起きる可能性がある。

例題1　経済効果の数値例

　A・B・Cの3国経済を考えよう。表7.2は，各国の財の生産コストとA国政府が輸入品に課す関税率を3つの場合に分けて表す。A国とB国がFTAを締結するとしよう。このとき，A国の経済厚生はどのような影響を受けるか，3つの場合に分けて検討せよ。

　解答：FTA 締結の前後で，各国の財の価格は表7.3のように変化する。
CASE ①：FTA 締結前，A国の消費者は最も安価な A国製品を1000円で購入する。A国とB国がFTAを締結すると，A国の消費者はB国から輸入品を900円で購入するようになる。したがって，AB国間のFTA締結によって，A国の消費者は自国製品よりもコスト面で効率的なB国製品を購入できるので，経済厚生は改善される。この経済効果は，FTA の貿易創出効果で

表 7.3 FTA の経済効果

		A 国	B 国	C 国	最安値の国
CASE ①	締結前	1000 円	1080 円	1080 円	A 国
	締結後	1000 円	900 円	1080 円	B 国
CASE ②	締結前	1000 円	990 円	990 円	B 国, C 国
	締結後	1000 円	900 円	990 円	B 国
CASE ③	締結前	1000 円	960 円	840 円	C 国
	締結後	1000 円	800 円	840 円	B 国

ある。

CASE ②：FTA 締結前，A 国の消費者は最も安価な B 国と C 国からの輸入品を 990 円で購入する。A 国と B 国が FTA を締結すると，A 国の消費者は B 国から 900 円で輸入品を購入するようになる。したがって，AB 国間の FTA 締結によって，A 国の消費者は B 国製品をより安価に購入できるので，経済厚生は改善される。

CASE ③：FTA 締結前，A 国の消費者は最も安価な C 国から 840 円で輸入品を購入する。A 国と B 国が FTA を締結すると，A 国の消費者は B 国からの輸入品を 800 円で購入するようになる。したがって，AB 国間の FTA 締結によって，A 国の消費者は C 国製品よりもコスト面で非効率的な B 国製品を購入する。この効果は FTA の貿易転換効果である。この効果が十分に大きいと，経済厚生が悪化する可能性がある。

2　自由貿易擁護論

自由貿易はなぜ重要なのであろうか。自由貿易擁護論について検討しよう。自由貿易擁護論は，資源配分の効率性や保護貿易のコストに注目する。保護貿易のコストには以下のようなものがある。このようなコストは自由貿易によって排除することができる。

第 1 に，保護貿易は，資源配分の非効率化と経済厚生の悪化をもたらす。保護貿易を行うことによって，企業は最も効率的な生産方法とは異なる方法を選択し（生産の歪み），効率的な資源配分が損なわれる可能性がある。また，消費者も高い価格の財の購入を余儀なくされ（消費の歪み），消費者余剰が減少する。

図7.2 輸入関税の経済効果

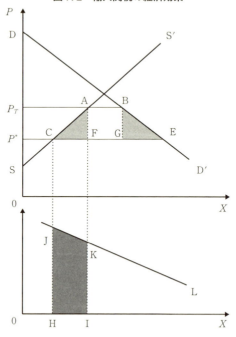

図7.2は、小国において関税をかけた場合の経済効果を表す。P^* は国際価格、P_T は関税賦課後の国内価格、DD′ は国内需要曲線、SS′ は国内供給曲線を表す。生産の歪みは △ACF で表され、消費の歪みは △BGE で表される。関税賦課は、これらの歪みで表される経済厚生の損失をもたらす。自由貿易の場合には、国内価格が国際価格まで低下し、これらの歪みは取り除かれる。

　第2に、保護貿易は市場の分散化をもたらし、特化や規模の経済の利益を損なう可能性がある。国内市場を保護することによって、非効率的な産業や企業が存続し、その結果、比較優位による特化の利益が損なわれる。また、狭隘な国内市場は規模の経済の実現を不可能にする。これに対して、自由貿易は、比較優位による特化の利益をもたらし、また輸出によって規模の経済の可能性を広げる。さらに、外国企業との競争によって学習や技術革新の誘因を国内企業に与える。

　第3に、保護貿易は産業の独占化をもたらし、独占の弊害をもたらす可能性

がある。外国との競争が遮断されることによって，国内企業の独占的支配が強まる。独占の弊害とは，独占的な価格設定によって価格体系が歪められることである。それゆえ，完全競争の場合と比較して，生産が過小供給になったり，消費者余剰が減少したりする。自由貿易は競争によって独占の弊害を取り除く。

第4に，保護貿易は，特定の利益集団の利益を保護する政策であるので，そのような利益を求めて企業が**非生産的な利潤追求**をする可能性がある。保護貿易を求める利益集団は，本来であれば生産的な経済活動に向けられる資源を非生産的な活動（ロビー活動や賄賂）に用いる。そのような非生産的な活動は，利益集団にとっては利潤を増大するものであっても，社会的には経済厚生を低下させる。

3 保護貿易擁護論

自由貿易は一般に，保護貿易よりも各国の経済厚生や世界全体の経済厚生を高めると言われる。ではなぜ，現実には保護貿易が行われるのか。保護貿易が選択される理由には，①市場の失敗，②最適関税，③所得分配，④政策変更の費用，⑤政治的要因などがある。

3.1 市場の失敗

市場の失敗がある場合には，市場への政府の介入が行われる。これは貿易政策についても同様である。市場の失敗を理由に保護貿易が行われるのは以下のような場合である。

第1に，輸入競合産業が外部経済を伴うときには，保護貿易が容認される場合がある。たとえば農業は，農産物の供給だけではなく多面的機能を持っている。水田は環境保全効果を持ったり，農村は景観や伝統文化を維持したり，農産物の国内生産は食料の安全保障の役割を果たしたりする。このような**外部経済**が十分に大きい場合には，保護貿易は経済厚生を高めることになる。

図7.2の下の曲線Lは社会的限界便益曲線を表す。輸入関税によって生産量が増加すると，生産の歪み△ACFが発生する。また消費も価格上昇によって減少し，消費の歪み△BGEが生じる。生産者余剰と消費者余剰だけを考慮

すれば，輸入関税の費用はその便益を上回り，経済厚生は低下する。しかし，輸入競合産業が外部経済を伴う場合には，輸入関税による生産増大によってロJHIK の社会的便益が発生する。このような社会的便益が十分に大きい場合には，保護貿易は経済厚生を高めることになる。

しかし，市場の失敗がある場合に，保護貿易がつねに擁護されるわけではない。その理由は，市場の失敗はその原因に応じて対応すべきだからである。上の例では，生産増加によって社会的便益が得られる。このような生産増加は生産補助金によっても行うことができる。生産補助金の場合には，国内価格が上昇しないので消費の歪みを回避することができる。ただし，生産補助金は財政負担を伴うので，実施が難しいかもしれない。このような場合には，輸入規制や関税のほうが政府としては選択しやすい。

第2に，幼稚産業を保護育成する場合に，保護貿易が容認される場合がある。動学的な規模の経済が存在するような社会的に望ましい産業が，資本市場の不完全性や技術的な外部性が存在するために成長しない場合がある。このような場合に，一時的に幼稚産業を保護するような貿易政策がとられる場合がある。発展途上国の**幼稚産業保護論**はこのような場合に当てはまる。ただしこの場合も，幼稚産業を保護する手段が貿易政策である必要はない。

第3に，国際的な寡占競争が行われている分野において，**戦略的貿易政策**として政府が政策支援する場合がある。とくに，先端産業において技術開発に外部性があったり，社会的便益が私的便益を上回っていたりするような場合には，積極的な政策介入が行われる可能性がある。ただし，このような政策は相手国から報復政策をとられる可能性もあるので，戦略的貿易政策の効果は不確定である。

3.2 最適関税

最適関税論によって保護貿易が正当化される場合がある。大国の関税は，一方では生産・消費の歪みによって経済厚生を悪化させる。しかし他方では，輸入価格の低下によって交易条件を改善し，経済厚生を改善する効果がある。この両者の効果を比較しながら，大国は，経済厚生を最大にするような最適関税率を設定することができる。

図 7.3　最適関税率

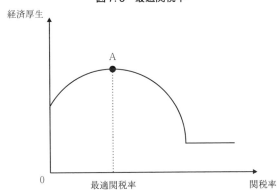

　図 7.3 は，大国の関税率と経済厚生の関係について表す。大国の関税率が低いときには，関税を課しても交易条件効果が十分に大きい。この場合には，関税率の引き上げによって経済厚生を改善することができる。点 A は，経済厚生を最大にするような関税率（最適関税率）である。大国にとって自由貿易は最適な政策ではなく，大国には関税を課す誘因がある。ただし，このような最適関税率の設定は相手国からの報復を招く可能性がある。

3.3　所得分配

　貿易自由化は，国民全体の経済厚生を改善するとしても，特定の利益集団の経済厚生を悪化させる場合がある。このような場合，貿易自由化は難しく，保護貿易が擁護される可能性がある。たとえば，農産物の貿易自由化は，生産者余剰を減少させ，農家の所得分配を悪化させる。農家の所得が相対的に低いときには，農産物が保護貿易の対象になる場合がある。ただし，貿易自由化によって所得分配の悪化があるとしても，輸入規制や輸入関税のような保護貿易が実施されるとは限らない。

　経済学者の多くは，貿易自由化による所得分配の悪化を認めたとしても，自由貿易を支持する傾向がある。その理由は，貿易自由化によって所得分配の悪化があったとしても，保護貿易を行うよりは，貿易自由化によって損失をこうむる人の所得を補償するほうが望ましいと考えるからである。一般に，貿易自由化擁護の議論では，その損失よりも潜在的便益が強調される傾向がある。

貿易政策の実施を検討する場合には，国民全体の経済厚生よりも経済集団間の経済厚生（所得分配）の変動が重要な役割を果たす。政府は，各経済集団の経済厚生を加重しながら貿易政策を作成する。農産物の貿易自由化は，農家の生産者余剰を減少させ，消費者の消費者余剰を増大させる。このとき，政府が農家の生産者余剰の減少を大きく評価する場合には，保護貿易政策が選択されることになる。政府の政治的支持者や彼らの政策姿勢が貿易政策の決定において重要な役割を果たす。

3.4　政策変更の費用

貿易自由化に伴うコストが十分に大きいとき，保護貿易が選択される場合がある。貿易自由化を実施すると，短期的な移行費用，たとえば輸入増大による貿易収支の悪化や失業の発生などの費用が生じる。これに対して，貿易自由化によって実現される便益は時間がかかり，長期的なものである。短期的な費用が長期的な便益よりも重視される場合には，政府は保護貿易を選択する。

しかし，失業対策や雇用確保のために輸入関税を賦課するのは，消費価格の上昇によって消費者に負担を強いる。このような場合には，雇用対策補助金を直接供与するほうが望ましい。もっとも先の議論と同様に財政赤字がある場合には補助金政策は容易に実施できない。また補助金政策は関税よりも行政コストがかさむ。短期的に補助金政策を行うとしても，長期的には比較優位に基づいた産業構造の転換を行う必要がある。

3.5　政治的要因

保護貿易は，経済効果よりも政治的要因によって説明される場合がある。政治的要因には，①集合行為論や②政治的支持論などがある。

第1に，政府の貿易政策は，**集合行為論**によって説明される場合がある。集合行為論によると，保護貿易は，たとえ国民全体の経済厚生を悪化させる場合でも，小規模なよく組織された特定の利益集団——生産者組合など——の利害関係に沿うように決定される。

例題2　農業の保護貿易

農産物の保護貿易を集合行為論によって説明せよ。

解答：農産物の貿易自由化は，価格低下によって消費者余剰を増大させるが，生産者余剰を減少させる。貿易自由化の費用は少数の特定の生産者によって負担されるが，その便益は多数の消費者によって享受される。生産者（たとえば，JA全中）は，1人当たりの費用負担が大きいので，貿易自由化には強く反対する。これに対して，消費者は，1人当たりの便益は小さいので，貿易自由化にはあまり関心を示さない。この結果，貿易自由化は，生産者の利益集団によって強い政治的反対にあう。しかし，それを上回る貿易自由化圧力を消費者が政治的に組織するのは難しい。農産物は，生産者の反対によって保護貿易になる。

第2に，**政治的支持論**によれば，政治的な支持や影響力を維持したり拡大したりするために，政府は保護貿易を選択する。輸入関税や輸入割当のような保護貿易政策を維持することによって，政府は特定の利益集団（たとえば，かつてのJA全中）に便益を供与することができる。このような便益供与によって政府は，利益集団との政治的関係を緊密にし，彼らから政治的支持を得たり，天下り先を確保したりすることができる。たとえば，2018年3月の米国の鉄鋼やアルミニウムへの輸入関税は，トランプ大統領への政治的支持を考慮したものである。

4　貿易交渉と貿易政策

戦後の貿易自由化はGATT/WTOの国際交渉によって実現されてきた。貿易自由化を実現するためには，国内の利害関係者間の交渉だけではなく，貿易相手国との国際交渉を行わなければならない。しかし，各国は，補償費用や取引費用の存在によって貿易自由化のジレンマに陥る可能性がある。

4.1　貿易自由化のコスト

貿易自由化は，資源配分の効率化によって国民全体の経済厚生を改善する。しかし，そのような利益を実現するためには，貿易自由化によって損失をこう

表7.4 貿易自由化のジレンマ

A\B	自由貿易	保護貿易
自由貿易	(30, 30)	(10, 40)
保護貿易	(40, 10)	(20, 20)

むる経済主体に対する補償を行わなければならない。このような補償には，情報・交渉・執行のための取引費用が必要になる。補償費用や取引費用が十分に小さい場合には，貿易自由化は促進されるであろう。しかし，これらの費用が十分に大きくなると，貿易自由化は困難になる。

4.2 貿易自由化のジレンマ

A 国と B 国の貿易自由化交渉について検討しよう。両国の選択肢は 2 つで，自由貿易か保護貿易とする。表 7.4 はこの貿易自由化交渉の利得行列を表す。左側が A 国の利得，右側が B 国の利得を表す。

B 国が貿易自由化に同意するとしよう。両国が自由貿易を行うとき，B 国の利得は 30 である。B 国が貿易自由化すれば，この利得 30 は，両国が保護貿易を行うときの利得 20 より大きい。しかし，B 国が自由貿易のとき，A 国には貿易自由化のコスト（補償費用や取引費用）を回避し，保護貿易を選択する誘因がある。もし A 国が保護貿易を行うと，A 国の利得は 40 に増大するが，B 国の利得は貿易自由化以前の 20 より低い 10 になる。このような場合には，B 国が自由貿易を行うのは難しくなる。両国にとって，保護貿易は支配戦略である。このゲームのナッシュ均衡は，（保護貿易，保護貿易）である。

この貿易自由化交渉では，両国とも保護貿易体制（保護貿易を両国が選択）よりも自由貿易体制（自由貿易を両国が選択）を望んでいる。それにもかかわらず，実現するのは保護貿易体制である。こうして両国は貿易自由化のジレンマに陥る。このような状況において貿易自由化を推進するためには，このようなジレンマを回避するようなガバナンス機構（GATT・WTO）が必要になる。

例題3 貿易自由化交渉

表 7.5 のような A 国と B 国との貿易自由化交渉を考えよう。両国の戦略は，自由貿易か保護貿易である。このゲームのナッシュ均衡を求め，両国が囚人の

表7.5 貿易自由化交渉

A＼B	自由貿易	保護貿易
自由貿易	(10, 10)	(−10, 20)
保護貿易	(20, −10)	(−5, −5)

表7.6 貿易自由化とWTO

A＼B	自由貿易	保護貿易
自由貿易	(10, 10)	(−10, 0)
保護貿易	(0, −10)	(−5, −5)

ジレンマに陥っているか検討せよ。

解答：A国の最適応答を考えよう。B国が自由貿易と保護貿易のいずれを選択しても，A国の最適応答は保護貿易である。同様に，A国の戦略が自由貿易と保護貿易のいずれの場合でも，B国の最適応答は保護貿易である。したがって，A国もB国も共に保護貿易を選択し，（保護貿易，保護貿易）がナッシュ均衡となる。

ここで，もし両国が共に戦略を自由貿易へ変えれば，共に利得を −5 から 10 へ増大させることができる。したがって，ナッシュ均衡はパレート優位な状態ではなく，両国は囚人のジレンマに陥っている。

例題4 貿易自由化とWTO

例題3において，一方的な保護貿易に対して，WTOが −20 の制裁を科す場合のゲームの均衡について検討せよ。

解答：一方的な保護貿易に対して，WTOが −20 の制裁を科す場合には，各国の利得は表7.6のようになる。このとき，B国が自由貿易を選択すれば，A国の最適応答は自由貿易である。B国が保護貿易を選択すれば，A国の最適応答も保護貿易となる。B国の最適応答も同様である。純戦略の範囲でナッシュ均衡は，（自由貿易，自由貿易）と，（保護貿易，保護貿易）の2つである。したがって，WTOの制裁によって保護貿易の誘因が取り除かれれば，パレート優位な（自由貿易，自由貿易）が選択される。

表 7.7 貿易自由化と環境破壊

A＼B	自由貿易	保護貿易
自由貿易	(10, −10)	(−10, 0)
保護貿易	(20, −10)	(−5, −5)

4.3 貿易交渉と環境破壊

　貿易自由化が環境問題を引き起こす場合がある。貿易自由化によって経済活動が拡大し，環境容量を超える廃棄物が排出されたり，貴重な天然資源が破壊されたり，資源が枯渇したりする場合がある。これらは経済活動が引き起こす**外部不経済**である。このような場合の最適な政策は，経済活動の内部化である。しかし，緊急の政策として貿易を制限する場合がある。

例題 5　環境破壊と貿易政策

　A 国との貿易自由化の結果，B 国が環境破壊によって 20 の損失をこうむるとしよう。この場合のナッシュ均衡を求め，例題 3 の場合と比較せよ。

　解答：A 国との貿易自由化が B 国に 20 の損失をもたらす場合，各国の利得は表 7.7 のように変化する。このとき，ナッシュ均衡は例題 3 と同様に，A 国も B 国も共に保護貿易を選択する状態である。ただし，両国が共に戦略を自由貿易へと変えると，B 国の利得は −5 から −10 へと悪化するので，このゲームは囚人のジレンマではない。貿易自由化によって環境破壊が進行する場合には，保護貿易政策が正当化される。

文 献 案 内

Guide to Further Reading

Bhagwati, J. (2004) *In Defense of Globalization*, Oxford: Oxford University Press（鈴木主税ほか訳『グローバリゼーションを擁護する』日本経済新聞社，2005 年）.
　＊自由貿易を積極的に擁護している。

Ishiguro, K. (2017) "TPP Negotiations and Political Economy Reforms in Japan's Executive Policy Making: A Two-Level Game Analysis," *International Relations of the Asia-Pacific*, 2017 (2), 171-201.

＊日本政府の TPP 交渉への参加と政治経済改革に関する研究。

Lang, T. and C. Hines (1993) *The New Protectionism: Protecting the Future against Free Trade*, London: Earthscan Publications（三輪昌男訳『自由貿易神話への挑戦』家の光教会，1995 年）.

＊自由貿易を批判し，保護貿易を擁護している。

第8章
制裁関税は有効か

> **パズル**：貿易交渉において，制裁関税は有効に機能するか。
>
> **解答**：制裁関税の威嚇は，被制裁国の政府と国内構成員の政策選好（国内対立の大きさ）によって異なる。両者の政策選好が十分に近似している場合には，制裁関税は有効に機能し，相手国の貿易障壁を引き下げる。しかし，その政策選好が適度に乖離している場合には，交渉結果に影響しない。1993年から1995年にかけて行われた日米自動車交渉では，米国政府は，通商法301条によって威嚇しながら日本の市場開放を要求した。この制裁関税の威嚇によって，日本の自動車メーカーは，制裁関税を受け入れるよりも米国の要求――自動車部品の購入――を受け入れた。米国政府の制裁関税の威嚇は，このとき有効に機能した。

> **Keywords**
> 通商法301条，通商拡大法232条，制裁関税，輸出自主規制，輸入自主拡大，日米自動車交渉，数値目標，2レベルゲーム，最後通牒ゲーム，拒否権プレイヤー，政治的支持関数，ウインセット

1 制裁関税による米国の威嚇

　米国と中国の貿易交渉は，2018年現在，制裁関税の応酬の中で行われている。同年3月22日，トランプ大統領は，中国が知的財産権を侵害しているとして通商法301条の発動に署名した。**通商法301条**は，外国の不公正な貿易慣行に対する米国の対抗措置を規定した法律である。米国は，知的財産権の侵害に対して**制裁関税**——同年7月に818品目360億ドル分，8月に279品目160億ドル分に25%の追加関税，9月に5749品目2000億ドル分に10%の追加関税——によって威嚇をしながら，年間1000億ドルの貿易赤字——2017年度の対中貿易赤字は3752億ドル——の削減を中国に要求した。さらに同年3月23日，米国政府は，**通商拡大法232条**（国防条項）に基づき，鉄鋼やアルミニウムの輸入増大が安全保障上の脅威になっているとして，中国や日本などの鉄鋼に25%，アルミニウムに10%の関税を課した。

　これに対して中国は，米国の制裁関税に怯むことなく，強い態度で対米交渉に臨むことを選択した。同年4月に米国の通商拡大法232条に基づく鉄鋼・アルミニウムの輸入制限への報復措置として，米国からのワインや豚肉などの輸入品128品目——2017年度の総輸入額30億ドル——に対して15%から最高25%の報復関税を課した。ワインやシームレス鋼管など120項目に15%の上乗せ関税を課し，豚肉やアルミニウムなど8項目に25%の上乗せ関税を課した。さらに同年7月に大豆やトウモロコシなど545品目340億ドル分，8月に古紙や自動車など333品目160億ドル分に25%の報復関税，9月にLNGや木材など600億ドル分に5%から10%の報復関税を発動した。

　米国による制裁関税の威嚇は，かつて日米貿易交渉でも半導体や自動車などにおいて頻繁に行われた。しかし，1995年のWTO発足後は，米国は通商法301条を発動してこなかった。日米自動車交渉の経験を参考に，米国の制裁関税の威嚇が貿易交渉に及ぼす影響について検討しよう。

図 8.1　日米自動車交渉

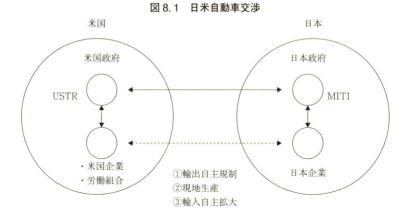

2　日米自動車交渉の経緯

2.1　輸出自主規制から輸入自主拡大へ

　日米自動車交渉は3段階に分けられる（図8.1参照）。第1段階は1970年代の日本の自動車輸出の増大と輸出自主規制の時期である。第2段階は1980年代における貿易摩擦回避のための現地生産の時期である。第3段階は1990年代半ば以降の輸入自主拡大の時期である。

　1）輸出自主規制：日本車の対米輸出自主規制は1981年から1994年まで実施された。1973年の第4次中東戦争を契機に起きた第1次石油ショック，1979年のイラン革命の混乱の中で発生した第2次石油ショック，これら2度にわたる石油ショックによって原油価格は10倍以上に上昇した。その結果，燃費の悪い米国の大型車から燃費の優れた日本の小型車に米国市場の消費需要は大きく変化した。こうして，1970年代後半に，日本の対米自動車輸出が急激に増大した。

　日本の対米自動車輸出の増大と共に，米国自動車業界は販売・雇用減少を懸念し，輸入規制を政府に働きかけた。1974年に全米自動車労組（UAW）が輸入数量割り当ての導入を提案した。米国政府は輸入規制に反対していたが，議会での輸入規制の動きが高まる中，1981年3月，USTRと通産省の間で輸出自主

規制（Voluntary Export Restriction）に関する合意が行われた。この後，米国への年間輸出台数は，1981-83 年 168 万台，1984 年 185 万台，1985-91 年 230 万台，1992-94 年 165 万台に規制された。この輸出自主規制によって，米国市場の自動車価格は上昇し，日米自動車メーカーの利益は増大したが，米国の消費者は大きな損失をこうむることになった。

2) 現地生産：UAW は，第 1 次石油ショック直後の 1975 年頃から日本自動車メーカーに対して対米進出を要請していた。しかし，日本自動車メーカーは効率的な生産体制の構築に自信がなく，現地生産が本格化するのは 1980 年代の半ば以降である。とくに，1985 年のプラザ合意以降の円高が現地生産を促進した。米国での現地生産は，貿易摩擦の回避と円高対策として重視された。

日本自動車メーカーで最も早くから現地生産を開始したのはホンダである。1978 年に Honda of America を設立し，1979 年には二輪車，1982 年に四輪車の現地生産を開始した。日産は，1980 年に米国日産 NMMC を設立し，1983 年に小型トラック，1985 年に乗用車の生産を開始した。トヨタの対応は慎重で，1984 年に GM との合弁会社 NUMMI を設立し，現地生産を開始した。日本自動車メーカーの現地生産は順調に増大し，現地生産台数は，1993 年に輸出台数を超え，1985 年の 36 万台から 1995 年には 211 万台に達した。

3) 輸入自主拡大：現地生産が拡大する中，米国が日本に求める通商政策が輸出自主規制から輸入自主拡大（Voluntary Import Expansion）へと変化した。1985 年の MOSS 協議（市場分野別個別協議），1989 年の日米構造協議，1993 年の日米包括経済協議において，米国は通商法 301 条による制裁の威嚇を行いながら日本市場の開放を要求した。

自動車分野の輸入自主拡大については，1992 年 1 月の宮沢首相とブッシュ大統領との首脳会談の際に，日本自動車メーカーが，通産省の要請で 1994 年度に 190 億ドルの米国製部品購入の自主計画を公表した。このときの経験から，米国政府は，1993 年の日米包括経済協議の自動車・同部品交渉においても同様の数値目標を要求した。

2.2 日米自動車交渉の議題

日米自動車交渉の議題と経緯について整理しよう。米国政府は日本政府に対

表 8.1 日米自動車交渉

年月	日米自動車交渉の推移
1993.9	日米自動車・同部品交渉の開始
1993.10	数値目標を米国が要求,日本は拒否
1994.2	日米首脳会談,交渉決裂
1994.6	交渉再開,米国が数値目標を要求
1994.8	米国議員が政府に通商法301条の発動を要請
1994.9	米国が部品購入計画の上積みを要求し,交渉決裂
1994.10	米国政府が通商法301条の調査を開始
1994.12	交渉再開
1995.5	交渉決裂,通商法301条に基づき制裁リストを公表
1995.6	日本自動車メーカーが自主計画を公表,政府間で交渉合意

して次の3つの要求をした。第1に,日本自動車メーカーが米国製自動車部品の購入計画を作成し,通産省がそれを行政指導すること。第2に,米国車取り扱いディーラー数を拡大すること。第3に,米国製部品の日本市場への参入機会を阻害している日本の補修部品市場の規制を緩和すること。米国製自動車部品の購入と米国車取り扱いディーラー数については**数値目標**の設定を求めた。

米国政府によれば,米国の自動車部品メーカーは,日本市場で不利な取り扱いを受けている。1994年当時,米国製自動車部品は,米国市場では32.5%を占めているが,日本市場では2.6%しか占めていない。また日本市場では自動車メーカーと系列のディーラーが緊密な関係にあり,米国車は不利な取り扱いを受けている。米国のディーラーの80%は,米国車と共に輸入車を販売している。日本では,日本車と輸入車を販売しているのは20%,日本車と米国車を販売しているのは7%にすぎない。

日本政府は,米国政府の要求に以下のように対応した。第1に,日本自動車メーカーによる米国製自動車部品の購入計画の作成と通産省の行政指導については,米国の要求を基本的に拒否した。ただし,民間企業が行う自主計画には,政府として関与しないという姿勢をとった。

第2に,米国車取り扱いディーラー数の拡大については,独占禁止法の強化,ディーラーによる米国車取り扱いの改善,通産省による苦情受付窓口の設置などを提案した。しかし,数値目標の設定については拒否した。

第3に,補修部品市場の規制緩和については,「重要保安部品」の数の削減,

「構造等変更」検査の規制緩和，専門整備工場の認定などを提示した。しかし，「整備と車検」制度の分離については，安全確保や環境保全を理由に拒否した。

　数値目標の設定については，日本政府は日米半導体協定を教訓としそれを拒否した。日米半導体協定（1986年）では，米国製半導体の日本市場でのシェア20％という数字が明記されていた。日本はこれを努力目標としたが，米国はこれを保証と受け取り，20％に達しないと1987年3月に制裁を実施した，という経緯がある。

2.3　通商法301条適用以前の交渉

　日米自動車交渉は，通商法301条を日本の自動車補修部品市場に適用する以前の交渉（1993年9月―1994年9月）と，それを適用し制裁を前提とした交渉（1994年10月―1995年6月）の2つに分けられる（表8.1を参照）。

　1993年9月に日米自動車交渉が開始された。交渉の主要な議題は，交渉合意の客観基準に数値目標の設定を認めるか否かであった。1993年10月の次官級協議で，米国政府は，1995年以降の米国製部品の購入計画の作成を求めると共に，客観基準に将来の数値目標を設定することを要求した。日本政府は，客観基準は過去の実績を点検するものであり，将来の目標を約束するものではないとして，米国の要求を拒否した。米国政府が要求する数値目標の設定には，日本自動車工業会も反対した。こうして，1994年2月の細川首相とクリントン大統領の日米首脳会談でも，日本政府は数値目標の受入を拒否し，交渉は決裂した。

　しかし，日本自動車工業会は，1994年2月下旬，通産省の要請を受け入れ，各社が米国製部品購入の自主計画を公表する可能性があることを明らかにした。そして同年3月に，「国際協調のための自工会アクションプラン」を公表し，メーカー各社が米国製部品購入の自主計画を公表した。こうした行動の背景には，米国政府による制裁の可能性があった。米国政府は，この民間企業の自主計画にさらに日本政府の関与，すなわち政府による保証を要求したが，日本政府はそれを拒否した。

　日米政府間交渉が膠着状態にある中，米国の議会が動いた。1994年8月，米国の超党派国会議員（88人）が，クリントン大統領に9月末までに交渉が合意

しない場合には，通商法301条を発動すると日本に警告するように要請した。

こうした議会の圧力を受けながら米国政府は，1994年9月末の閣僚会談で，日本自動車メーカーが同年3月に公表した部品購入計画の上積み，米国車取り扱いディーラー数の拡大，車検制度の廃止などを要求した。日本政府は，部品購入計画の上積みやディーラー数の拡大については拒否した。その理由は，数値目標を設定しないという原則に反するからであり，また民間企業の自主計画は政府の責任の及ぶ範囲外の問題だからである。車検制度の廃止も，安全確保や公害防止の観点からその要求を拒否した。こうして，交渉は再度決裂した。

2.4 通商法301条による制裁の威嚇

米国政府は，2度にわたる交渉決裂を受け，通商法301条による制裁を前提とした交渉に入った。1994年10月1日，米国政府は，通商法301条を日本の補修部品市場に適用し，調査を開始した。

日本政府は，こうした米国の行動に反発しつつも，1994年12月の次官級協議で，数値目標や政府の権限の及ぶ範囲外の事項は交渉の対象にしないことなどを条件に交渉再開に同意した。米国政府は，1995年1月の次官級協議において，民間企業の部品購入の自主計画の上積みを政府間交渉の対象としないことを認めた。しかし，これが政府間交渉合意の条件になるという姿勢を堅持した。このため，交渉は再び暗礁に乗り上げた。

米国政府は，部品購入計画が政府間交渉の対象外となったために，日本自動車メーカーと直接交渉する道を探った。さらに，制裁の威嚇の対象を通産省から日本自動車メーカーに切り替えた。

こうした状況下で，1995年3月，米国上下両院議員（95人）は，政府に対して同月末までに包括的な合意を達成するよう要請した。さらに，この期限までに合意できない場合には，通商法301条の下で制裁を含む強い行動を執ることを求めた。

米国政府は，1995年4月以降，通商法301条に基づく対日制裁の準備を本格化した。同年5月の閣僚会談では，米国車取り扱いディーラーと補修部品市場の規制緩和については交渉が進展した。しかし，部品購入の自主計画の上積みでは交渉は決裂した。交渉決裂後，米国政府は，日本の補修部品市場に通商法

301条を適用することを確認し，米国議会上院は，政府の方針を支持する決議を 88 対 8 の票決で採択した．

1995 年 5 月 16 日，米国政府は，日本の補修部品市場が不公正で米国の利益を制限しているという理由で，通商法 301 条に基づきトヨタのレクサスや日産のインフィニティなど日本製高級車 13 車種に 100%（現行 2.5%）の従課税を課すと発表した．最終決定は 6 月 28 日とするが，課税賦課は 5 月 20 日にさかのぼって適用するとした．日本政府は即座に，米国の一方的措置が WTO のルール違反であるとして，GATT 第 22 条に基づく協議申し入れを行い，WTO における紛争解決手続きを開始した．

日米両国政府は，1995 年 6 月 22 日からジュネーブで GATT の協議を行うと共に，閣僚会談を行い，6 月 28 日に交渉が妥結した．交渉の焦点は，部品購入の自主計画の上積みであった．日本政府は，民間企業が作成した自主計画への関与を拒否した．しかし，米国政府は，日本自動車メーカー各社から部品購入の上積みを実質的に得ることができた．1998 年までに日本自動車メーカーが米国製部品の購入を 67.5 億ドル増大し，北米での完成車生産を 210 万台から 265 万台に増大すると，米国政府は見積もった．

3　日米貿易交渉の分析枠組み

制裁関税の威嚇が貿易交渉の結果に及ぼす影響を検討するために以下のような簡単な 2 レベルゲーム（Putnam, R. 1988）のモデルを構成しよう．

3.1　日米貿易交渉の枠組み

1) **アクター**：この貿易交渉の主要なアクターは，日本政府の交渉代表者（内閣総理大臣），日本自動車工業会（JAMA，業界団体），米国政府（大統領）である．実際の交渉は，代理人である通産省（MITI）と米国通商代表部（USTR）によって行われた．日本政府の交渉代表者は，米国政府とレベル 1 の交渉を行う一方で，国内の自動車業界とも協定内容に関してレベル 2 の交渉を行う．各アクターは，国内の政治的支持率を最大にするように両国の貿易障壁の削減について交渉する．日本の消費者や民間企業は貿易交渉に直接参加はしないが，

各アクターに政治圧力をかけ，貿易交渉の結果に影響を及ぼす。

2) 貿易交渉の展開：この貿易交渉ゲームは2段階で行われる**最後通牒ゲーム**である。第1段階は日本政府と米国政府の政策決定に関するゲームであり，第2段階は各国の経済主体の最適化行動に関するゲームである。第1段階のゲームで貿易交渉の合意内容が決定された後，第2段階のゲームが始まり，各国の消費者や企業が最適化行動を行う。

第1段階の貿易交渉は，国際交渉（政府間）と国内交渉（日本政府と日本自動車工業会）の2つのレベルで行われる。この交渉では，日本政府の交渉代表者が交渉内容の提案権を持つとしよう。米国政府と日本自動車工業会は，拒否権を持つ**拒否権プレイヤー**である。日本政府の交渉代表者が米国政府に対して提案を行う。米国政府がそれを受け入れれば，その提案は日本自動車工業会の同意を得るために，業界団体に提示される。日本自動車工業会がその提案に同意すれば，政府間の合意が成立する。もし米国政府か日本自動車工業会がその提案を拒否すれば，貿易交渉は決裂する。

3) 情報構造：各アクターの選好や交渉ゲームのルールは共有知識である。各アクターは，相互に貿易障壁の削減に合意すれば，国内の政治的支持率を高めることができることを知っている。また少なくとも交渉が決裂した場合と同じだけの政治的支持率が貿易交渉によって得られることも知っている。ただし，貿易交渉が決裂すれば，各国は独自に貿易障壁（たとえば，通商法301条による制裁関税）を設定することになる。

3.2 貿易交渉者の目的関数

アクターの**政治的支持関数**を簡単な損失関数によって表そう。各アクターは，貿易障壁 (t, t^*) の最適水準と現実の水準との差を最小化するように行動する。日本政府 P と日本自動車工業会 C および米国政府 F の利得関数 $U_i (i=P, C, F)$ は次のように表される。

$$U_i(t, t^*) = -(t-t_i)^2 - (t^*-t_i^*)^2, \quad i = P, C, F \qquad \cdots\cdots ①$$

日本政府も日本自動車工業会も米国の貿易障壁については完全自由化を望み，$t_P^* = t_C^* = 0$ である。同様に，米国政府も日本の貿易障壁については完全自由化

図 8.2 貿易交渉者の政治的支持関数

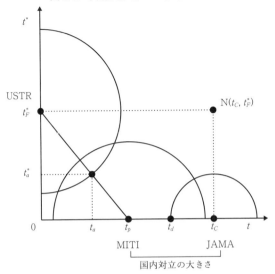

を望み，$t_F=0$ である。このような利得関数の想定によって，日本政府と日本自動車工業会および米国政府は，それぞれ最適な貿易障壁の組み合わせである理想点，$(t_P, 0), (t_C, 0), (0, t_F^*)$ において政治的支持率を最大にすることができる。現実の貿易障壁がその理想点から乖離すれば，それだけ各アクターの政治的支持率は低下する。

図 8.2 は，各アクターの政治的支持関数を図示したものである。横軸は日本の貿易障壁 t，縦軸は米国の貿易障壁 t^* を表す。$(t_P, 0), (t_C, 0), (0, t_F^*)$ はそれぞれ日本政府 P，日本自動車工業会 C，米国政府 F の理想点を表す。$N(t_C, t_F^*)$ は現状＝ナッシュ均衡を表す。

3.3　日米貿易交渉と 301 条の制裁

米国政府の制裁関税が日米貿易交渉の結果に及ぼす影響について検討しよう。最初に日米貿易交渉の結果について明らかにし，その後，米国政府の制裁関税が貿易交渉の結果に及ぼす影響について検討する。

　1) **日米貿易交渉の結果**：貿易交渉の結果は，日本政府と日本自動車工業会の政策選好の乖離 $(t_C - t_P)$，すなわち国内対立に応じて 3 つの領域に分けられる。

領域①：(t_a, t_a^*)。日本政府と日本自動車工業会の政策選好が十分に近い（国内対立が小さい）場合には，日本政府と米国政府は契約曲線上の (t_a, t_a^*) で合意する。日本の貿易障壁 t_a は日本政府の最適水準 t_P より低く，米国の貿易障壁 t_a^* も米国政府の最適水準 t_F^* より低い。

領域②：$(t_P, 0)$。日本政府と日本自動車工業会の政策選好が適度に乖離している（国内対立が適度）場合には，貿易交渉の結果は日本政府の理想点 $(t_P, 0)$ になる。日本の貿易障壁は日本政府の最適水準 t_P に等しく，米国の貿易障壁は完全に撤廃される。

領域③：$(t_d, 0)$。日本政府と日本自動車工業会の政策選好が十分に乖離する（国内対立が大きい）場合には，貿易交渉の結果は $(t_d, 0)$ となる。日本の貿易障壁 t_d は日本政府の最適水準 t_P より高く，米国の貿易障壁は完全に撤廃される。

2）米国の制裁関税の影響：米国政府による制裁関税の威嚇は，貿易交渉の結果にどのような影響を及ぼすだろうか。米国政府は，米国の自動車業界や労働組合からの政治圧力の結果，その最適な貿易障壁 t_F^* を引き上げる。このような米国の最適な貿易障壁 t_F^* の上昇は，通商法301条による制裁の威嚇に信憑性を与える。米国政府の制裁が交渉結果に及ぼす影響は，日本政府と日本自動車工業会の政策選好によって異なる。

図8.3は，日本政府と日本自動車工業会の政策選好が十分に近い領域①において，米国政府の制裁の威嚇が交渉結果に及ぼす影響を表したものである。横軸は日本の貿易障壁 t，縦軸は米国の貿易障壁 t^* を表す。無差別曲線 I_C より高い政治的支持率を表す集合は初期の日本の**ウインセット**であり，無差別曲線 I_F より高い政治的支持を表す集合は初期の米国のウインセットである。日米貿易交渉は，両国のウインセットに挟まれた契約曲線（初期には $t^* = -(t_F^*/t_P)t + t_F^*$）上で行われる。点 a_0 は初期の貿易交渉の均衡である。

例題 1　制裁関税の影響

米国政府が制裁関税をかけるとき，貿易交渉の均衡にどのような影響を及ぼすすか。

解答：米国政府が制裁関税をかけると，貿易交渉の均衡は点 a_F になる。米国

図 8.3　領域①：米国の制裁関税の影響

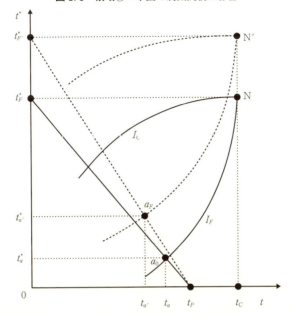

政府の制裁関税 ($t_F \to t_{F'}$) は，点 a_0 と比較して，日本の貿易障壁を低下させるが，米国の貿易障壁を上昇させる。米国政府が制裁を強めれば，ナッシュ均衡が上方に移動する (N→N′)。これは日本のウインセットを広げ，米国のウインセットを狭める。米国の制裁は，日本の貿易障壁を低下させるだけではなく，米国の貿易障壁を上昇させる。

4　日米自動車交渉の分析

米国政府の制裁関税の威嚇は日米自動車交渉の結果にどのような影響を及ぼすだろうか。日本の政府と国内構成員の政策選好（国内対立）を所与として，米国政府の制裁関税の威嚇が及ぼす影響について検討しよう。

4.1　米国の制裁関税の威嚇

図 8.4 は，日本政府と日本自動車工業会の政策選好を所与として，米国の制

図8.4 米国の制裁関税と交渉結果

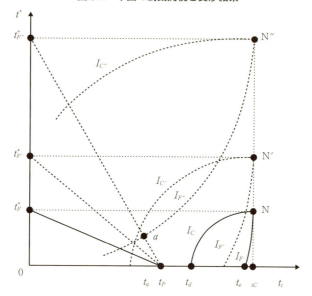

裁強化が，貿易交渉の結果に及ぼす影響を表している。米国の初期の貿易障壁を t_F^* とする。米国政府が制裁関税を $t_F^* \to t_{F'}^* \to t_{F''}^*$ のように高めると（たとえば，米国企業の政治圧力の結果，米国政府が貿易障壁を上昇させる），契約曲線 $t_F^* t_P$ に影響を及ぼす。その結果，両国のウィンセットが影響を受ける。米国政府が制裁関税を高めると，米国のウィンセットが狭まり（$I_F \to I_{F'} \to I_{F''}$），日本のウィンセットは広がり（$I_C \to I_{C'} \to I_{C''}$），交渉結果は米国に有利に展開する。

米国の制裁関税の上昇と共に，契約曲線が日本政府の理想点 $(t_P, 0)$ を中心に右回転する。領域③のように，日本政府と日本自動車工業会の政策選好が米国の貿易障壁に比べ十分に乖離する（国内対立が大きい）場合には，交渉可能領域は両国のウィンセットで挟まれた $t_d t_e$ になる。このとき，交渉結果は $(t_d, 0)$ である。日本の貿易障壁 t_d は日本政府の最適水準 t_P よりも高くなる。日本政府が自由貿易志向でも，日本政府と日本自動車工業会の国内対立が十分に大きい場合には，交渉結果はより保護主義的な国内構成員のウィンセットに制約される。

米国の制裁関税が高まり，領域②のように，日本政府の理想点 $(t_P, 0)$ が両国

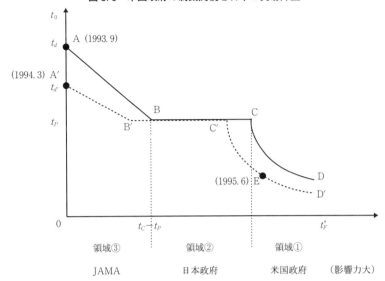

図8.5 米国政府の制裁関税と日本の貿易障壁

のウインセットの中にある場合には，交渉結果は日本政府の理想点 $(t_P, 0)$ になる。米国政府がさらに制裁関税を高め，領域①のように，米国の貿易障壁に比べ日本政府と日本自動車工業会の選好が十分に接近し，両国のウインセットの外に日本政府の理想点 $(t_P, 0)$ が出ると，交渉結果は米国のウインセットに制約されるようになる。このとき，貿易交渉の結果は (t_a, t_a^*) である。

例題2　政策選好の適度な乖離

日本政府と日本自動車工業会の政策選好が領域②のように適度に乖離する場合，それが制裁関税の効果にどう影響するか検討せよ。

解答：領域②では，米国政府による制裁は貿易交渉の結果に影響を及ぼさない。米国政府が制裁関税を高めても，両国のウインセットの中に日本政府の理想点 $(t_P, 0)$ がある限り，交渉結果は $(t_P, 0)$ で変わらない。

4.2　米国の制裁関税と日本の貿易障壁

米国政府が制裁関税を高めたとき，貿易交渉の結果はどのような影響を受け

るだろうか。図 8.5 は,日本政府と日本自動車工業会の国内対立を所与として,米国の制裁関税が高まる場合に,それが交渉過程におけるアクターの影響力や交渉結果にどのような相違をもたらすかを表している。横軸は,米国の貿易障壁 t_F^* を表し,右に行くほど米国の制裁関税が高まる。縦軸は,貿易交渉の結果決まる日本の貿易障壁 t_0 を表す。

米国の制裁関税と日本の貿易障壁 t_0 との間には次のような関係がある。日本の貿易障壁 t_0 は,米国の制裁関税が上昇すると共に低下する。日本の貿易障壁 t_0 は,米国政府の制裁関税 t_F^* に関して,厳密ではないが単調減少になる。

米国の制裁関税 t_F^* と日本の貿易障壁 t_0 との関係を表す曲線 ABCD からわかるように,米国の制裁関税が相対的に低い領域③では,日本政府の選好 t_P に左右されず,交渉結果は日本自動車工業会のウインセットによって制約される。領域②では,日本の貿易障壁 t_0 は政府の選好 t_P に規定され,米国の制裁関税が高まっても影響を受けない。領域①に至ると,米国政府の制約を受けながら,日本の貿易障壁 t_0 は低下する。

日米自動車交渉を妥結に導いた決定的要因は,制裁関税の威嚇の下で行われた日本自動車メーカーの部品購入計画の上積みである。日本自動車工業会は,1993 年 12 月には米国政府の要求する数値目標の設定に反対し,1994 年 3 月の自主計画の公表後もその上積みを拒否していた。しかし,1995 年 5 月 16 日に米国政府が制裁リストを公表すると,日本自動車メーカーの対応が変化した。とくにトヨタは,制裁総額 59 億ドルのうち 43% の負担を強いられるため,制裁関税の回避を強く望んだ。

例題 3　拒否権プレイヤーの選好

日本自動車工業会の政策選好 t_C が部品の輸入志向を高めるとき,日本の貿易障壁 t_0 はどのような影響を受けるだろうか。

解答：日本自動車工業会の輸入志向が高まると,領域①や領域③における貿易障壁 t_0 の水準に影響を及ぼす。日本自動車工業会が輸入志向を高めるとき ($t_{C'} < t_C$),米国の制裁関税と日本の貿易障壁の関係は図 8.5 の曲線 A'B'C'D' のように変わる。日本自動車工業会のウインセットが広がる結果,領域①や領域③の範囲が影響を受け,そこでの日本の貿易障壁 t_0 が低下する。

日本自動車工業会は，1994年3月，「国際協調のための自工会アクションプラン」を公表し，各社が米国製部品購入の自主計画を公表した。この背景には，米国政府による日本の自動車業界を対象にした制裁関税賦課の可能性の増大と通産省の要請があった。通産省が米国の制裁関税を回避するために行政指導に乗り出し，日本自動車工業会の選好は保護主義志向を緩めた（図8.5の点A→点A′の移動）。

例題4　アクターの交渉力

日本政府と日本自動車工業会の政策選好（国内対立）を所与としたとき，貿易交渉におけるアクターの影響力は，米国政府の制裁関税の上昇によってどのような影響を受けるだろうか。

解答：米国政府の制裁関税が高まるにつれ，貿易交渉の影響力は，日本自動車工業会（JAMA）から日本政府へ，そして米国政府へと移動する。米国の制裁関税が低い領域③では，日本自動車工業会の影響力が最も強く，交渉結果は $(t_d, 0)$ となる。米国の制裁関税が高い領域①では，米国政府の影響力が最も強く，交渉結果は (t_a, t_a^*) となる。その中間の領域②では，日本政府の影響力が最も強く，交渉結果は政府の理想点 $(t_P, 0)$ となる。

1993年9月に交渉が開始されたとき，米国の制裁関税の可能性は低かった。1994年8月に米国議会議員が政府に通商法301条の発動を要請すると共に，制裁関税の可能性が高まった。そして米国政府は，同年10月に通商法301条の調査を開始し，1995年5月16日に制裁リストを公表した。こうして，制裁の圧力は交渉過程でしだいに高まり，それと共に交渉の影響力は，初期の日本自動車工業会から最後には米国政府に移った。

文献案内
Guide to Further Reading

Putnam, R. (1988) "Diplomacy and Domestic Politics: The Logic of Two-Level Games," *International Organization*, 42: 427–460.
　＊貿易交渉と国内対立に関する2レベルゲーム分析を初めて提起した。

石黒馨（2017）『国際貿易交渉と政府内対立――2レベルゲーム分析――』勁草書房。
　＊日本の貿易交渉と政府内対立について検討している。
通商産業省編（1997）『日米自動車交渉の軌跡』通商産業調査会出版部。
　＊日米自動車交渉に関する通産省の見解。

第9章
移民受入はなぜ反対されるのか

> **パズル**：移民は，世界経済に富をもたらすのに，なぜ受入を反対されるのか。
> **解答**：移民は，世界経済に富をもたらすが，受入国の所得分配を変える。移民受入によって，受入国の雇用主の所得は増大する。しかし，受入国の労働者の雇用は減少し，賃金率は低下する。このような移民による所得分配の悪化が，受入国における労働者の移民反対を招く。グローバル経済の進展のもとで，万国の労働者の団結は困難になる。

> **Keywords**
> メキシコ系移民，プッシュ・プル理論，資本移動誘因論，リスク回避論，移民の丘論，移民の雇用／賃金効果，移民の財政効果，高技能移民，低技能移民，移民政策，不法移民

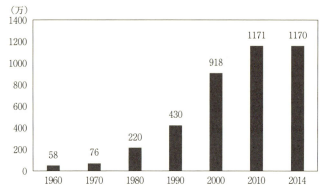

図 9.1 米国へのメキシコ系移民の人口

出所: http://www.migrationinformation.org

1 米国におけるメキシコ系移民

　2010 年の米国国勢調査によると，全米人口は 3 億 875 万人である（2017 年時点では 3 億 2570 万人）。このうち，ヒスパニック系が 5048 万人（16.3％）であり，その中でも最も多いのはメキシコ系の 3180 万人（10.3％）である。いまや米国民の 10 人に 1 人はメキシコ系の住民である。

　1960 年代以降，米国内でメキシコからの移民が急激に増加し，メキシコ系米国人が米国社会において目立つ存在となってきた。米墨戦争（1846-48 年）後，メキシコ領の一部が米国領となり，メキシコ系住民が米国内で居住することになった。その後，メキシコ革命（1910-17 年）や第 2 次世界大戦を機に米国に渡るメキシコ人が増加した。米国に移動しそのまま定住したメキシコ生まれの住民は，1960 年の 57 万 5900 人から 2010 年の 1171 万 1100 人に，50 年間で約 1100 万人増加した（図 9.1 参照）。米国への移民のエスニック構成（2014 年）は，メキシコ系 27.7％（1170 万人），インド系 5.2％（220 万人），フィリピン系 4.6％（190 万人），中国系 4.5％（190 万人）と続く（Borjas 2016）。

　米国へのメキシコ系移民増大の契機になったのは，1942 年に米墨政府間で締結された**ブラセロ計画**（Bracero Program）である。これは，農業労働者の不足を満たすために，6 カ月以内の一時滞在ビザで，米国南部において農業労働を

するメキシコ系移民を受け入れる計画である。このブラセロ計画によって，1964年末の同計画廃止までの22年間に450万人以上のメキシコ人が米国に移動した。この間に，米国国境警備隊によって逮捕されメキシコへ送還された不法移民は約500万人にのぼった。その一方で，多くの不法移民が米国内に残留した。

多くのメキシコ系移民が数回の移民法の改正によって米国籍や永住権を取得し，今日，メキシコ系米国人は，米国社会の最大のエスニック集団になっている。米国に移住したメキシコ人は，メキシコと隣接する米墨国境4州（カリフォルニア州，アリゾナ州，ニューメキシコ州，テキサス州）を中心に居住し，新たなコミュニティを形成した。

2 移民の要因

移民を説明する理論には，プッシュ・プル理論や資本移動誘因論などがある。

2.1 プッシュ・プル理論

プッシュ・プル理論は，移民の流出国側の要因と受入国側の要因を分析する。プッシュ要因（流出国側）には，流出国の人口過剰・貧困・低所得（低賃金）などがある。プル要因（受入国側）には，労働力不足・高所得（高賃金）・豊富な雇用機会などがある。この理論によれば，両国間の賃金格差（所得格差）が大きくなれば，低賃金国から高賃金国への労働移動が増大する。この格差が小さくなれば，労働移動も減少する。このプッシュ・プル理論は，リスク回避論や移民の丘論によって修正される場合がある。

リスク回避論によれば，労働の国際移動は，世帯所得へのリスクを最小化するための選択である。リスク回避論が注目するのは，最貧困層の移動が少なく，中所得階層の移動が多いのはなぜかという点である。相対的に所得機会の多い中所得階層は，最貧困層よりも移動のコスト（交通費や情報探索費）を負担する能力があり，母国での所得喪失のリスクを最小化するために，家族の一部が国際移動を選択する。

移民の丘論は，流出国の所得水準と労働の国際移動との間に逆U字形の関

係があることを示す。この理論によれば，流出国の所得水準が上昇するにつれて，労働の国際移動はしだいに増加する。所得水準がある水準に達すると，労働移動はピークに到達し，その後，労働移動は減少する。この理論も，労働移動のコストを考慮し，最貧困層よりも所得がある程度高い層において移動が活発になるとしている。

しかしプッシュ・プル理論には，以下のような未解決の問題が残されている。第1に，発展途上国から先進国への労働移動は，最貧国よりもメキシコのような中所得国で多く見られるのはなぜか。第2に，米国とメキシコのような特定国間の労働移動が顕著に見られるのはなぜか。第3に，発展途上国と先進諸国の賃金格差は従来から存在していたが，なぜ近年において労働移動が増大したのか。

2.2　資本移動誘因論

資本移動誘因論は，労働の国際移動と資本移動の関係に注目し，プッシュ・プル理論の未解決問題を検討する。労働の国際移動は，資本の国際移動，とくに外国直接投資による経済活動のグローバル化や労働市場の国際化と関係している。外国直接投資は，発展途上国に子会社や工場を設立し，現地の労働者を雇用する。これらの労働者は，まず農村から自国の大都市に移動し，その後より高い所得機会のある先進国へ移動する。

資本の国際移動が，発展途上国に国際的に移動可能な労働力を生み出す。発展途上国と先進国との間の貿易や投資が労働移動の国際回廊を作り出し，労働者の国際移動を容易にしている。とくに，低所得国よりも中所得国のほうが先進国との経済連携が相対的に強い。以上の点から，第1に，労働の国際移動は，最貧国よりもむしろ中所得国からの移動のほうが多くなる。第2に，労働移動は，貿易や投資による経済連携が強い発展途上国から先進国，たとえばメキシコから米国に向かって起きる。第3に，労働の国際移動が比較的最近の傾向なのは，直接投資の増大が労働の国際移動を誘発しているからである。

図 9.2 移民の経済効果

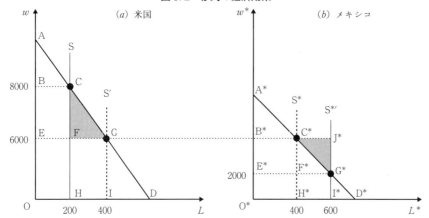

3 移民の経済分析

3.1 基本モデル

移民の経済効果について検討しよう。ここでは，米国を受入国，メキシコを流出国とする。図9.2は，横軸に労働量，縦軸に賃金率をとり，米国とメキシコの労働市場を表す。曲線 AD は米国の労働需要曲線，曲線 A*D* はメキシコの労働需要曲線を表す。米国の労働需要はメキシコより多く，米国の労働需要曲線 AD はメキシコの労働需要曲線 A*D* よりも外側に位置している。曲線 S は米国の労働供給曲線，曲線 S* はメキシコの労働供給曲線を表す。簡単化のために供給曲線を垂直（価格弾力性がゼロ）と仮定する。

米国とメキシコとの間で労働移動がない場合について検討しよう。米国の労働市場において，賃金と雇用量は労働需要と労働供給によって決定される。米国では，200人の労働者が1人当たり8000ドル／月の賃金を受け取る。200人の労働者によって生産される労働サービスの価値は□AOHCで表される。このうち，200人の労働者の賃金は□BOHCであり，残りの△ABCは資本所得である。

メキシコの労働市場では，600人の労働者が1人当たり2000ドル／月の賃金

表9.1 移民と所得分配

		移民受入前	移民受入後	変化
米国	労働所得	□BOHC	□EOHF	−□BEFC
	資本所得	△ABC	△AEG	□BEGC
	国民所得	□AOHC	□EOHF＋△AEG	△CFG
メキシコ	労働所得	□E*O*I*G*	□B*O*H*C*＋□FHIG	□B*E*F*C*＋□C*F*G*J*
	資本所得	△A*E*G*	△A*B*C*	−□B*E*G*C*
	国民所得	□A*O*I*G*	□B*O*H*C*＋□FHIG＋△A*B*C*	△C*G*J*

を受け取る。600人の労働者によって生産される労働サービスの価値は □A*O*I*G* で表される。このうち，600人の労働者の賃金は □E*O*I*G*，残りの △A*E*G* はメキシコの資本所得である。移民がいない場合，米国では労働需要に比べ労働供給が少ないので，賃金率は高い。これに対して，メキシコでは労働需要に比べ労働供給が多いので，賃金率は低くなる。

移民の経済効果について検討しよう（表9.1参照）。米墨間には賃金格差がある。移民が自由化されると，メキシコ人労働者は高い賃金を求めて米国に移動する（プッシュ・プル理論）。米国の労働供給曲線 S は，移民流入の結果，右側にシフトする。労働需要曲線 AD は変化しないので，米国の賃金率は低下する。他方，メキシコでは労働供給曲線 S* は移民流出の結果，左側にシフトし，賃金率が上昇する。200人の移民が米国に移動した点で，両国の賃金率が1人当たり 6000 ドル／月で等しくなり，移民も止まる。

移民が所得分配に及ぼす影響について検討しよう。米国では，400人の労働者が 6000 ドル／月の賃金を受け取る。400人の労働者によって生産される価値は □AOIG で表される。このうち，200人の米国人労働者の賃金は □EOHF，200人のメキシコ人移民の賃金は □FHIG，残りの △AEG は資本所得である。米国人労働者の賃金所得は □BEFC だけ減少し，資本所得は □BEGC だけ増大する。全体として国民所得は △CFG だけ増大する。

メキシコでは，400人の労働者が受け取る賃金は 6000 ドル／月に上昇する。400人の労働者によって生産される価値は □A*O*H*C* で表される。このうち，労働者の賃金は □B*O*H*C*，資本所得は △A*B*C* である。労働所得については，米国への200人の移民の所得（仕送り）□FHIG が加わる。メキシコ人労働者の賃金所得は □B*E*F*C*＋□C*F*G*J* だけ増加し，資本所得

図9.3 移民がいない場合の数値例

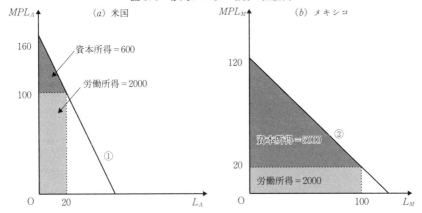

は □B*E*G*C* だけ減少する。全体としてメキシコの国民所得は △C*G*J* だけ増大する。

移民問題の核心は所得の再分配である（Borjas 2016）。移民によって国民所得は，米国でもメキシコでも増加する。しかし，所得分配への影響は国ごとに異なる。移民を受け入れる米国では，労働所得は減少するが，資本所得は増大する。移民を送り出すメキシコでは，労働所得は増大するが，資本所得は減少する。このような所得の再分配によって，米国では，労働者が移民受入に反対し，資本所有者が移民受入を歓迎する。

例題1　移民がいない場合の数値例

米国とメキシコの2国経済を考えよう。両国における労働の限界生産力と労働投入量の関係は，①式と②式で与えられるとする。ただし，$MPL_i (i=A, M)$ は労働の限界生産力，$L_i (i=A, M)$ は労働投入量を表す。米国の労働賦存量を20単位，メキシコの労働賦存量を100単位とする。このとき，移民がいない場合に，両国の国民所得を求めよ。

米国：　　　$MPL_A = -3L_A + 16$ 　　　　　……①

メキシコ：　$MPL_M = -L_M + 120$ 　　　　　……②

解答：移民がいない場合の両国の国民所得は図9.3で表される。米国の国民

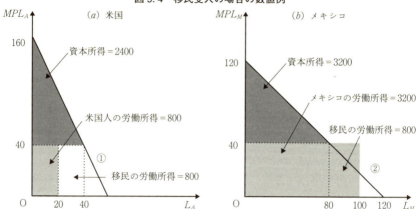

図9.4 移民受入の場合の数値例

所得は, 資本所得 (600) と労働所得 (2000) の合計, 2600 である。メキシコの国民所得は, 資本所得 (5000) と労働所得 (2000) の合計, 7000 である。

例題2　移民受入の場合の数値例

例題1と同じ経済状況を想定し, 米国が移民を受け入れる場合に, 米墨両国の国内生産および国民所得を求めよ。

解答：米国が移民を受け入れる場合の両国の労働投入量を求めよう。移民受入後の両国の賃金率は等しくなるので, ①式と②式の右辺が等しくなる。また, 両国の労働賦存量の合計は 120 である。よって, 以下の式が成立する。

$$-3L_A+160 = -L_M+120 \qquad \cdots\cdots ③$$
$$L_A+L_M = 120 \qquad \cdots\cdots ④$$

③式と④式より $L_A=40, L_M=80$ となる。よって, メキシコ人労働者が米国へ 20 単位だけ移動する。

移民受入後の両国の国内生産および国民所得は図9.4で表される。米国の国内生産は, $2400+1600=4000$ であり, メキシコの国内生産は, $3200+3200=6400$ である。米国の国民所得は, $2400+800=3200$ であり, メキシコの国民所得は, $3200+4000=7200$ である。移民受入によって, 両国の国民所得は増大する。ただし, 米国の資本所得は 600 から 2400 に増大するが, 労働所得は 2000

から 800 に減少する。

3.2 基本モデルの問題

基本モデルでは，米国人労働者の賃金率が低下し，賃金総額が減少する。しかし，基本モデルには，2つの重要な仮定が置かれている。1つは同質労働の仮定であり，もう1つは部分均衡モデルの仮定である。これらの仮定を外すと，移民労働者が受入国の労働者の賃金や雇用に及ぼす影響は小さくなる（Powell 2015）。

第1に，同質労働の仮定とは，雇用主から見て労働者が経済的に同じであり，メキシコ系移民と米国人労働者が代替的であるということである。同質労働の場合，両者の賃金率は，労働市場で競争的に決定され同一になる。しかし実際には，メキシコ系移民と米国人労働者は必ずしも同質的ではない。メキシコ系移民の多くは，教育水準が低く，英語も十分に話すことができない低技能労働者である。このような移民は，米国人の高技能労働者と代替的でないだけではなく，米国人の低技能労働者とも代替的ではない。英語能力は，低技能労働の多くの仕事でも重要な要因である。よって，移民が米国人労働者の賃金に及ぼす影響は限られている。

第2に，部分均衡モデルの仮定とは，移民の労働市場の変化が他の市場には影響しないということである。この仮定にも実際には問題がある。たとえば，メキシコ系移民が米国の低技能労働市場に流入すると，米国人労働者の賃金率が低下する。その結果，そのような低賃金の労働者を雇用するために資本が流入し，この部門の資本労働比率が上昇する。それと同時に，米国人の低技能労働者の賃金率上昇や雇用増大を引き起こす。

移民はまた，米国労働市場において補完的な労働者として需要がある場合がある。たとえば建設現場では，肉体労働を行う移民は，知的労働を行う米国人建設エンジニアとは補完的に作業を行う。このとき，米国人エンジニアの労働市場では，移民の流入によって労働需要が増大し，賃金率が上昇する。

移民は，米国人労働者に所得分配上，負の効果だけではなく，正の効果ももたらす可能性がある。したがって経済効果の大きさは，実証分析によって確認する必要がある。

4 移民の経済社会的影響

移民に対する障壁の撤廃は，全世界の GDP を 50〜150% 増大させると言われている。これは，資本移動や貿易に対する障壁撤廃の効果よりも大きい。世界経済の富の最大化が目的であれば，移民の障壁を撤廃し，効率的な資源配分をするのが望ましいだろう。しかし，移民の自由化は多くの問題を伴っている。

4.1 移民受入と経済

1) 労働市場への影響：移民受入国の労働市場への影響については，米国人労働者の賃金率の低下と雇用の減少が懸念される。このような影響がどれくらい大きいかは実証的に検討しなければならない。

第1に，米国人労働者の賃金率に及ぼす影響は，一般的には賃金率を引き下げる方向に作用する。その影響は，移民と競合する米国人労働者の市場によって異なる。Borjas（2016）によれば，移民によって労働者が 10% 増大すると，賃金率は 3% 下がる。

第2に，移民流入による米国人労働者の雇用への影響は，移民と米国人労働者が代替的か補完的かによって異なる。移民の増大は，低技能労働者が競合する代替的な市場では，米国人の雇用は減少する。低技能移民と高技能米国人が補完的な場合には，米国人の雇用は増大する。移民の雇用への影響は，代替性や補完性の度合いによって異なる。

第3に，米国への**移民の経済的同化**は進んでいない。ここで，経済的同化とは，移民と米国人との収入格差が時間の経過と共に縮小することである。経済格差の原因は，移民の低いスキルにある。多くの移民は，入国時には英語も十分に話せない低技能労働者である。米国に経済的に同化するためには，人的資本に投資し，職業スキルを向上させなければならない。しかし，移民のスキル向上は必ずしも十分に進んでいない。

2) 財政収支への影響：移民の財政収支への影響は，移民が収める税収と移民に対する教育・医療・社会保障などの歳出との関係によって決まってくる。この税収を歳出が上回ると，移民受入は社会的に負担になる。

第1に，移民は，所得税・消費税・固定資産税などを支払う。所得税は，移民の技能水準によって異なる。多くの移民は，低技能で賃金が低く，所得税の納税額も少ない。賃金で重要なのは，移民の英語能力である。英語能力が向上すれば，賃金や所得税が増大する。ただしたとえ移民が低技能移民の場合でも，その雇用主は，事業所得を得て税金の支払いをすることになる。

　移民はまた，財・サービスの消費や不動産の購入によって納税する。財・サービスの購入には売り上げ税がかかり，所得税の未納者でも消費税を支払うことになる。さらに移民の流入によって人口が増大すると，その地域の不動産価格が上昇し，地域全体の固定資産税が増大する。

　第2に，移民関連の政府支出には，教育費，生活保護費，医療費，公的年金などがある。移民の子供は一般的に英語能力が低く，彼らの英語教育や公教育のために，教育費が増大する。低技能移民が多いと，彼らの所得が少ないので，生活保護費が増大する可能性がある。医療費は，平均的な米国人よりも少ない。移民は，米国人ほど民間保険には入っていないし，救急病院の利用も少ない。公的年金については，移民の年齢構成に依存する。勤労期の移民が多ければ，保険料の支払額が多く，退職後の移民が増大すれば，年金受給額が多くなる。社会保障（メディケイド・フードスタンプ・現金給付など）の受給比率は，米国人よりも移民のほうが高い。移民の46％が何らかの公的扶助を受けている（Borjas 2016）。

　一般的に，移民の財政効果は移民の年齢構成によって異なる。少年期には，教育や福祉のような政府サービスを一方的に受給する。勤労期になると，政府給付よりも納税のほうが多くなる。退職後の老齢期は，納税以上に公的年金や医療サービスなどの政府給付が増大する。勤労期に流入し，退職後に帰国する場合，移民の財政収支への貢献は大きくなる。

4.2　移民受入と地域社会

　移民の地域社会への影響は実証的な検証を得ていないが，移民受入に関する議論では，わかりやすい事例が用いられ，賛成反対の根拠にされやすい。

　第1に，移民は，移住先の都市の再開発や地域社会の発展に貢献する場合がある。不法移民の増大は都市の生活環境の悪化をイメージさせるが，少数民族

の移民コミュニティは，ニューヨークのチャイナ・タウンやサンディエゴのチカーノ・パークのように旅行客や地域住民にとって人気のスポットを生み出す場合がある。このような場合には，衰退する都市を移民が復活させる可能性もある。

　第2に，移民は，地域社会の秩序に影響をもたらす場合がある。移民が閉鎖的なエスニック集団を形成し，特定の地域に集住すると，地域社会に分断をもたらしたり，地域の信頼関係を損なったりする場合がある。移民の増大や民族の多様性は，社会関係資本の衰退（孤独なボーリング）をもたらすという議論もある（Putnam, R. 2000）。とくに，移民が受入国の習慣や文化に同化しない場合には，その可能性が高くなる。また社会秩序が混乱した発展途上国から来た移民は，受入国に社会的混乱を持ち込むという議論もある（Collier, P. 2013）。このような議論は移民反対の根拠にされやすい。

4.3　移民流出と経済／社会

　メキシコ系移民労働者の流出は，基本モデルではメキシコ国内の労働者の賃金率を上昇させ，雇用を減少させる。しかし，その影響を予測することは難しい。海外での雇用機会の多い高技能労働者の海外流出（頭脳流出）は，流出国での人材不足を生み出す場合もあるが，新たな人的資本の形成をもたらす可能性もある。

　第1に，高技能労働の移民は，移民流出国にプラスの影響を及ぼす場合がある。移民流出国における人的資本投資は，海外移住の可能性に応じて内生的に決まる。高所得が期待できる海外移住の可能性が高まれば，国内の労働者は人的資本投資を増大させるだろう。たとえば，英語能力を向上させたり，労働技能を高めたりする。人的資本投資を行った労働者の一部が国内にとどまれば，国内労働者の人的資本の平均水準を上昇させる。有能なサッカー選手の海外流出は，国内リーグのサッカー選手のレベルを向上させる。

　第2に，移民が母国に送金する金額は，世界全体で2012年には4000億ドルを超えるほど多くなっている（Powell 2015）。このような移民の送金は，母国の経済成長にはあまり貢献していないが，残された家族の経済厚生には大きな影響を及ぼす。移民の送金額は，移民の熟練度とは関係ないが，移民の人数とは

正の相関関係がある。

第3に，移民の増大は，移民の母国と移民先との間の貿易関係や人的交流を拡大する。移民によって家族が分散すると，移民先と移民流出国との間に貿易や移民のネットワークが形成される。母国の特産物のような消費財が移民先に送られたり，移民先の便利な消費財や家電製品が母国の家族に送られたりする。また流出国の同郷から移民先に移民の回廊が形成される場合もある。

第4に，移民は母国に社会文化的な影響を及ぼす場合がある。たとえば，移民先で民主主義を経験した後に帰国し，母国の民主化運動に移民が参加する場合がある。また，移民先で環境意識を高めて帰国すれば，母国の環境保全に貢献するかもしれない。さらに，新しい生活技術や産業技術および文化を持って移民が帰国する可能性もある。

5 移民政策と不法移民

5.1 移民政策

1) 社会厚生関数：望ましい移民政策は，どのような社会厚生関数を想定するかによって異なる。たとえば，1人当たり GDP と所得分配を構成要素とする社会厚生関数を想定しよう。このとき，1人当たり GDP を重視するか，所得分配を重視するかで移民政策が異なる。1人当たり GDP を重視すれば，資源配分を効率化するために，移民の自由化が主張される。他方，所得分配を重視すれば，移民と競合する国内労働者の所得を確保するために，移民受入の抑制が重要になるかもしれない。

社会厚生関数に，地域の安定や社会秩序のような変数が入る場合には，移民政策はさらに複雑になる。移民が地域社会に及ぼす影響は，実証的に明確な結果を得ていない。そのような状況で，特定の移民政策が社会厚生関数にどのような影響を及ぼすかは定かではない。地域の安定や社会秩序のような変数は，所得分配が悪化する地域住民によって移民反対に利用される可能性がある。

2) 技能別選別：移民の受入政策は，高技能移民と低技能移民では異なる。どちらの移民についても，厳しい移民受入制度がある。

米国の高技能移民には，H1A か H1B の就労ビザが発給される。高技能移民

を雇用したい雇用主は，労働者の一時移住を政府に申請する。高技能移民は，受入国のイノベーションを促進し，経済成長に貢献することが期待される。ただし，このビザの目的は，国内の高技能労働者の供給不足への対応である。高技能移民の受入には，国内の労働者に不利にならないように，労働市場テストが企業に課せられる。国内で求人をし，適切な応募者がいないことを示す必要がある。

低技能移民には，H2A と H2B の就労ビザがある。H2A は，一時的に農業労働者を確保するためのビザ（1952 年創設）である。この制度の利用には，雇用主は，国内労働者の賃金に悪影響を与えないことを証明し，住宅の提供や片道交通費の支給などが課せられる。このように条件が厳しく，この制度はあまり利用されていない。H2B は，造園・清掃・接客・建設などの非農業分野の移民に適用される。この制度の利用も雇用主には厳しい条件が課せられている。

5.2 不法移民

米国のトランプ大統領は，2017 年 1 月の大統領就任直後に，不法移民の取り締まりを強化するために，メキシコとの国境に壁を建設する大統領令に署名した。米国には今日，1143 万人（2012 年）の不法移民がいる。この不法移民の国籍は，メキシコ 58.8％（672 万人），エルサルバドル 6.0％（69 万人），グアテマラ 4.9％（56 万人），ホンジュラス 3.1％（36 万人）などである（Borjas 2016）。

不法移民は，移民にとっても米国政府にとってもコストがかかる。メキシコから米国に密入国するには，斡旋業者への手数料が 4000 ドル（メキシコ農民の 4 年分の所得）かかる。これだけの費用をかけても，彼らは米国で仕事が見つかるという保証はない。不法移民は，税金の支払（家計平均 1 万ドル）よりも福祉・医療サービスなどの受け取り（家計平均 1 万 4000 ドル）のほうが多く，米国政府にとってコストが大きい（Powell 2015）。

不法移民はなぜなくならないのか。不法移民の存在には，雇用主側と移民側の両者の要因がある。雇用主は，安い賃金で移民を雇用したい。このとき，リスクを犯して安い不法移民を雇用するか，合法移民を高い賃金や費用で雇用するかの選択を迫られる。一方移民は，時間やコストを払って在留許可証を入手し高い賃金を得るか，短期間にコストを払わずに安い賃金で働くかを選択する。

表9.2 不法移民

移民＼雇用主	A（合法）	B（不法）
A（合法）	$(w_A - c_{wA}, b_A - c_{bA})$	$(-c_{wA}, 0)$
B（不法）	$(-c_{wB}, 0)$	$(w_B - c_{wB}, b_B - c_{bB})$

例題3：不法移民

不法移民の問題を戦略形ゲームによって検討せよ。

解答：表9.2は，不法移民の戦略形ゲームの利得行列を表す。

このゲームのプレイヤーは移民と雇用主である。移民は，在留資格を取得し合法的に働くか（A），資格を取得せず不法移民になるか（B）を選択する。雇用主は，合法移民を雇用するか（A），不法移民を雇用するか（B）を選択する。

移民は，在留資格があれば高い賃金 w_A を得られる。ただしそのために，c_{wA} の費用が必要になる。在留資格がない不法移民の場合は，賃金 w_B は安いが，費用 c_{wB} も低い。ここで，$w_A > w_B, c_{wA} > c_{wB}, w_A - c_{wA} > 0, w_B - c_{wB} > 0$ とする。雇用主は，合法移民を雇用すれば b_A の利潤を得る。ただしそのために，高い費用 c_{bA} が必要になる。不法移民を雇用する場合は，利潤は b_B であり，その費用は c_{bB} である。この費用には，不法移民を雇用するリスクも含まれる。ここで，$b_A > b_B, c_{bA} > c_{bB}, b_A - c_{bA} > 0, b_B - c_{bB} > 0$ とする。

このゲームには，2つのナッシュ均衡（合法，合法）と（不法，不法）がある。（合法，合法）の場合には，移民は在留許可証をとり，雇用主も合法な移民を雇用する。他方，（不法，不法）の場合には，移民は不法移民を選択し，雇用主も不法移民を雇用する。したがって，移民にも雇用主にも不法移民を容認する誘因がある。

例題4 移民政策と不法移民

例題3と同じゲームにおいて，政府の移民政策が不法移民を増減させることを示せ。

解答：政府が，不法移民の費用 $c_{bB}(>b_B)$ を十分に高くする政策を実施したとしよう。このとき，ナッシュ均衡は（合法，合法）となり，不法移民は排除される。不法移民やその雇用主に対して罰則を強化すれば，不法移民は減少する。

他方,政府が,合法移民の費用 $c_{bA}(>b_A)$ を十分に高くする政策を実施したとする。このとき,ナッシュ均衡は(不法,不法)となり,不法移民が増大する。在留許可証を得るための費用が高いと,不法移民が増大する。在留許可証の費用を低下させれば,不法移民は減少する。

文献案内

Guide to Further Reading

Borjas, G. J. (2016) *We Wanted Workers*, New York: W. W. Norton & Company(岩本正明訳『移民の政治経済学』白水社,2017年).
　＊移民受入の抑制を提案している。

Collier, P. (2013) *Exodus: How Migration Is Changing Our World*, New York: Oxford University Press.
　＊移民の社会秩序への影響について検討している。

Powell, B. ed. (2015) *The Economics of Immigration: Market-Based Approaches, Social Science, and Public Policy*, London: Oxford University Press(藪下史郎監訳『移民の経済学』東洋経済新報社,2016年).
　＊移民受入の自由化を提案している。

Putnam, R. (2000) *Bowling Alone: The Collapse and Revival of American Community*, Washington D.C.: Sagalyn Literary Agency(柴内康文訳『孤独なボウリング――米国コミュニティの崩壊と再生――』柏書房,2006年).
　＊米国の社会関係資本について検討している。

Sassen, S. (1992) *The Mobility of Labor and Capital: A Study in International Investment and Labor Flow*, Cambridge: Cambridge University Press(森田桐郎ほか訳『労働と資本の国際移動』岩波書店,1992年).
　＊労働移動の資本移動誘因論を展開している。

石黒馨・吉澤静香(2016)「サンディエゴのチカーノ・コミュニティ――社会的排除と社会関係資本――」アメリカス学会編『アメリカス研究』第21号,87-108頁。
　＊サンディエゴのメキシコ系移民社会について検討している。

第Ⅳ部

通貨と金融

第 10 章
債務交渉が合意する条件は何か

> **パズル**：債務国と国際機関の債務交渉が合意する条件は何か。
>
> **解答**：国際機関から融資を得るために，債務国はコンディショナリティ（たとえば緊縮的な金融財政政策）を課される。債務交渉合意の条件は，このコンディショナリティが国内反対派と国際機関の両者の要求を満たすことである。国内反対派が強硬すぎると，債務交渉は失敗する。債務交渉の合意内容は，債務国政府の経済改革の姿勢に依存する。改革志向の強い政府ほど，合意されるコンディショナリティは厳しくなる。

Keywords
ギリシャの債務危機，流動性の問題，返済能力の問題，債務維持可能性，返済意思の問題，コンディショナリティ，債務ラッファーカーブ，債務交渉合意の条件

1　ギリシャの債務危機

　ギリシャは，1981年に欧州共同体（EC: European Community）に加盟し，その後，ECから発展した欧州連合（EU: European Union）に加盟した。1980年代以降のギリシャ経済の特徴は，財政赤字・インフレ・通貨切り下げによって表される。公共支出の増大によってギリシャは経済成長したが，公共支出の増大は財政赤字を引き起こした。この財政赤字は，政府の国債発行によって賄われた。ギリシャ中央銀行がこの国債を買い入れたために，貨幣供給が増大し，インフレが起きた。インフレ下で国際競争力を維持するために，ギリシャ政府は通貨ドラクマを切り下げていった。

　2001年，ギリシャはユーロに加盟する。ユーロに加盟するには，インフレ率・長期金利・財政赤字・為替レートの4条件を満たさなければならない。ギリシャは，インフレを抑制し，長期金利を引き下げ，財政赤字を削減し，為替レートを安定化させ，加盟が認められた。ユーロ加盟後のギリシャ経済は，長期金利の低下によって民間部門は投資を増大し，政府も，独仏の民間銀行からの借入れ（ギリシャ国債の75％を保有）を増大した。このような政府の財政バブルによってギリシャの経済成長が続いた。

　ギリシャ政府は，EUに虚偽申告しながら財政赤字を維持していた（図10.1参照）。2009年10月，パパンドレウ（Papandreou, G. A.）大統領が，前政権が行った財政赤字の改竄と虚偽申告を公表した。これを機に，外国資本が流出し，ギリシャ政府の債務不履行（デフォルト）の危機に繋がった。この事態を受けて，2010年5月にEU・ECB・IMF（3者でトロイカと呼ばれる）は1100億ユーロ（ECB：800億ユーロ，IMF：300億ユーロ）の第1次金融支援を行った。その際，ギリシャ政府に，緊縮的財政政策と構造改革の条件（コンディショナリティ）が課された。

　トロイカは，ギリシャに国家主導型経済から市場主導型経済への転換を求めた。ギリシャ政府に課された緊縮的財政政策の内容は以下の通りである。①短期：2014年までに対GDP比財政赤字の3％以下への削減。そのために，公務員給与を中心とした政府支出の削減と増税の実施。②中長期：国有・公営企業

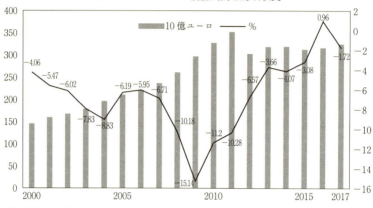

図 10.1 ギリシャの債務残高と財政収支

出所）IMF, *World Economic Outlook Database*

の民営化と給与の引き下げ，公共投資の削減，税制改革，年金改革など。また構造改革には，労働市場改革，競争力強化，教育制度改革などが課された。

　2012年2月にはさらに，トロイカと民間銀行による1300億ユーロの第2次金融支援が決定された。緊縮的財政政策や構造改革に対して，ギリシャ国民は反発し，反トロイカ勢力が増大した。2012年5/6月に実施された総選挙では，中道右派のサマラス（Samaras, A.）与党連合が勝利した。サマラスはトロイカの財政緊縮政策を実施したが，その成果は芳しくなかった。その一方で，ギリシャ国民の生活は圧迫され，公務員労働組合を中心とした反トロイカ勢力によるデモやストライキが激しくなった。

　2015年1月に実施された総選挙では，急進左派連合シリザ（Syriza）を中心とした勢力が勝利し，ツィプラス（Tsipras, A.）連立政権が誕生した。ツィプラス政権は大幅な債務削減を求め，トロイカと再交渉を行った。この交渉は難航し，結局，2015年6月，交渉は決裂し，第2次金融支援は打ち切られた。ギリシャ政府は，銀行の営業停止，資本の海外送金禁止を実施した。

　ツィプラス政権は，2015年7月に財政緊縮に関する国民投票を実施した。その結果は，「緊縮政策には反対だが，ユーロ圏には残留」がギリシャ国民の大勢であった。この結果を受け，ギリシャ政府はEUに融資の交渉を行った。同年8月，交渉が再開され，3年間で最大860億ユーロの第3次金融支援がまとまっ

表 10.1　ギリシャの債務問題

年月	ギリシャ情勢の推移
2001.1	ギリシャのユーロ加盟
2009.10	パパンドレウ大統領が前政権の財政赤字改竄を公表
2010.1	欧州委員会がギリシャの財政赤字の統計上の不備を指摘，ギリシャ国債暴落
2010.5	EU・ECB・IMF（トロイカ）の 1100 億ユーロの第 1 次金融支援合意
2012.2	トロイカと民間企業による 1300 億ユーロの第 2 次金融支援合意
2012.6	ギリシャ総選挙，中道右派のサマラス政権誕生
2015.1	ギリシャ総選挙，反 EU の急進左派連合のツィプラス政権誕生
2015.6	EU との再交渉が行き詰まり，第 2 次金融支援打ち切り
2015.7	ギリシャ国民投票，ツィプラスの「緊縮 No，ユーロ残留」に支持
2015.8	交渉再開，最大 860 億ユーロの第 3 次金融支援合意

た。ギリシャ政府は，財政緊縮政策（2016 年のプライマリー財政収支の対 GDP 比 1％ の黒字）への転換を受け入れることになった。

2　債務危機の 3 つの問題

　債務危機は，債務国が債務の返済ができなくなることであり，1980 年代にラテンアメリカ諸国において頻発し，1990 年代には最貧国において重要な問題になった。最近では，2010 年から続くギリシャの債務問題が注目を浴びている。債務危機の 3 つの問題，①流動性の問題，②返済能力の問題，③返済意思の問題について検討しよう。

2.1　流動性の問題

　流動性の問題とは，債務返済の意思や能力はあるが，返済のための流動性（ドルやユーロのような国際通貨）が一時的に不足し，債権者に返済ができない状態である。固定為替レート制において，流動性問題（外貨不足）が発生すると，平価の維持が困難になり，固定為替レート制の崩壊や為替レートの大幅な下落を引き起こす場合がある。

　流動性の問題を国際収支の定義から検討しよう。国際収支の定義から，経常収支や資本収支が黒字になると外貨準備が増加し，赤字になると外貨準備は減少する。

$$経常収支 + 資本収支 = \Delta 外貨準備$$

対外債務があり，経常収支の赤字を新規資本流入（資本収支の黒字）によって賄っている国を想定しよう。経常収支＝貿易収支＋貿易外収支(債務利払い)＋移転収支であるので，これを上の式に代入すると，以下のように書き換えられる。

$$貿易収支 + \underset{(債務利払い)}{貿易外収支} + 移転収支 + \underset{(新規資本流入)}{資本収支} = \Delta 外貨準備$$

この式から，貿易収支の赤字が増大したり，債務利払いが増大したり，移転収支が減少したり，新規資本の流入が減少したりすると，外貨準備が減少する。

韓国や東南アジア諸国（タイ・マレーシア・インドネシア・フィリピン）には，1980 年代後半から 1990 年代半ばにかけて，経済成長や経済自由化を背景として大量の資本が流入した。この資本流入は経常収支の赤字を上回り，外貨準備が増大していった。しかし，1997 年後半になると，資本流入が止まり，大量の資本流出が始まり，外貨準備は急激に減少した。外貨準備の枯渇と共に，通貨危機になり，為替レートが下落した。

2.2 返済能力の問題

返済能力の問題とは，債務国が債務の元本や利子を返済するための資産を持っていなかったり，返済のための能力がなかったりすることをいう。先の国際収支の定義式を用いれば，経常収支の赤字を資本収支の黒字で賄っていたとしても，いずれは経常収支の赤字が，たとえば貿易収支の黒字によって削減されるのであれば問題はない。しかし，新規借り入れが永遠に必要な場合には，返済能力に問題があることになる。

債務の返済能力を測る 1 つの指標に，債務維持可能性＝債務残高／輸出額がある。この指標が時間と共に増大すれば，債務は維持不可能と判断される。1980 年代のラテンアメリカの債務国の場合には，債務返済能力に問題があった。ギリシャの債務問題も返済能力の問題と言われている。

2.3 返済意思の問題

　返済意思の問題とは，債務国が十分な流動性や返済能力を持っているにもかかわらず，債務の返済を行わないことである。債務の元利返済をするよりも債務返済を拒否する場合に利益が大きいと判断すれば，債務国は債務不履行を選択する。ここでは，債務返済は債務国の戦略的な意思決定の問題になる。

　このような問題が生じる背景には以下のような事情がある。第1に，主権国家に対する国際的な貸し付けにおいて，債務国に返済を強制する法的な枠組みが存在しない。第2に，債務国が返済を拒否した場合，債権者が確保できる資産や担保が限られている。したがって，債務国が返済を拒否すると，関係者間の交渉が長引き，債務問題の解決に大きな取引費用がかかり，債務返済の過程が複雑になる。

　債務国が債務を返済するか拒否するかは，返済拒否のコストと債務返済のコスト（＝債務残高）との大小関係に依存する。すなわち，以下の場合には債務国は債務の返済を拒否する。

　　　返済拒否のコスト ＜ 債務残高

返済拒否のコストとは，債務不履行によって発生するコストであり，貿易信用の停止，債務不履行による経済活動の停滞，国際資本市場におけるアクセスの制限や信用の喪失などがある。債務残高が十分に大きい場合，債務国は戦略的に返済を拒否することがある。

3 債務問題の解決策

3.1 債務問題への対応

　債務問題の解決策は，①流動性の問題，②返済能力の問題，③返済意思の問題といった債権国の債務問題の内容に応じて異なる（表10.2）。

　第1に，流動性の問題がある場合には，その解決策は債務返済計画を変更（リスケジューリング）したり，新規融資を行ったりして，債務国が債務を返済できるようにすることである。ただし，流動性問題があるときには，将来の返済能力の不確実性が影響を及ぼしている場合がある。また，新規融資の際には，

表10.2 債務問題と解決策

債務問題	解決策
①流動性の問題	リスケジューリング・新規融資
②返済能力の問題	IMFの経済安定化政策・世銀の構造調整
③返済意思の問題	債務不履行のコスト増大・債務残高削減

債権者側にフリーライダー問題が発生し，融資が過小になる場合がある。

第2に，債務返済能力に問題がある場合には，IMFの経済安定化政策や世界銀行の構造調整政策を実施し，債務国が債務返済能力を得ることが重要になる。通貨切り下げによって輸出を増大したり，緊縮的な金融政策や財政政策によって輸入を削減したりすることが重要になる。ただし，緊縮的なマクロ経済政策は失業率を上昇させたり，社会福祉関連の支出を削減したりすることによって低所得層に大きな負担を課す可能性がある。

第3に，債務返済の意思に問題がある場合には，債務不履行のコストを高めたり，債務返済のコストを削減したりすることが重要になる。とくに，債務不履行の連鎖が起きないようにすることが重要である。このような連鎖が起きると，国際金融システム全体が機能不全に陥る可能性がある。

1980年代のラテンアメリカ諸国の債務問題の際には，当初，債務返済計画の変更——1985年のベーカー・プラン——が実施された。しかし，この計画は有効に機能しなかったので，1989年に債務国の債務返済額を削減するブレディ・プランが実施された。このような債務返済の削減は，その後の1990年代以降の最貧国の債務問題にも適用された。2012年に合意されたギリシャ国債の債務削減率は53.5％，元本削減額は1070億ユーロである。

3.2 債務削減政策

債務削減政策の背景には過剰債務仮説がある。**過剰債務仮説**とは，既存の債務残高が過剰になると，債務国の投資インセンティブや経済成長を損なうというものである。このような場合には，債務残高を削減すると，債務国の債務返済能力を高めたり，債務国の返済の意思を改善したりすることができる。

債務削減の効果は図10.2の**債務ラッファーカーブ**によって説明することができる。この図の縦軸は債務返済額，横軸は債務残高を表す。債務残高が増大

図10.2 債務ラッファーカーブ

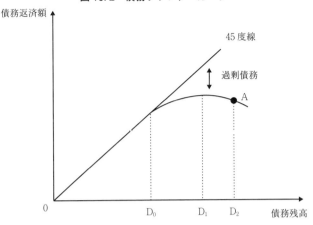

すると，それに比例して債務返済の元本や利子のような債務返済額が増大する。債務返済額の増大は，緊縮政策や輸出の増大によって得た外貨の多くを債務返済に充てることを意味する。耐乏生活や輸出努力によって得た外貨が生活水準の向上のためではなく債務返済のために使われると，外貨蓄積の誘因を阻害することになる。その結果，債務返済額を低下させる可能性がある。

図10.2は以上のような債務残高と債務返済額の関係を表している。債務残高がD_0までは，債務返済額が債務残高に比例して増大する。債務残高がD_0を上回ると，債務返済額が債務残高を下回る。このとき，債務返済能力の問題が生じ，過剰債務の状態になる。債務残高がさらに増大しD_1に達すると，債務の増加が債務返済額を低下させることになる。

債務削減政策は，過剰債務が存在し，とくに債務残高がD_1以上の債務国には有効な政策になる。債務ラッファーカーブの右側，たとえば点Aのように債務残高がD_2の状態だと，これ以上債務残高が増大すると，債務返済額が減少する。反対に，債務削減政策によって債務残高を減少させれば，債務返済額が増大する。したがって，債務削減政策は債務国にとってだけではなく，債権国にとっても有益な政策になる。

4 国際機関との債務交渉

債務国政府は，国際機関から融資を得るとき，コンディショナリティ（緊縮的な財政金融政策）を課される。経済改革を志向する政府は，国際機関のコンディショナリティを利用することによって，国内の反対派が経済改革を拒否するコストを高める場合がある。

4.1 国際機関の融資とコンディショナリティ

国際機関は，モラルハザードを防ぐために，債務国政府にコンディショナリティを課す。コンディショナリティの水準は，債務国政府のタイプによって異なることを示そう。

1) 債務国政府の選好：債務国政府の効用関数 U を国際機関の融資額 L とコンディショナリティ（財政赤字削減）C の関数として表す。

$$U = U(L, C) \qquad \cdots\cdots ①$$

ここで，$\partial U/\partial L > 0, \partial U/\partial C < 0$ である。債務国政府は，融資 L が増大すれば効用が高まるが，コンディショナリティ C が強化されれば効用が低下する。

債務国政府は，国内の改革反対派と交渉する際に，その交渉力を高めるために国際機関のコンディショナリティ C を利用する場合がある。このとき，政府の効用関数は上の関数とは多少異なる。政府はコンディショナリティの最適な水準 C^* を持っているとしよう。

$$\partial U/\partial C \begin{cases} \geq 0 & \text{if } C \leq C^*, \\ < 0 & \text{if } C > C^* \end{cases}$$

国際機関の融資 L が多いほど，そしてコンディショナリティ C が最適水準 C^*（$C^*=0$ の場合を含む）に近いほど，政府の効用は大きくなる。最適水準 C^* の大きさによって，債務国政府の無差別曲線は多様な形状を示す。政府は，外貨準備の制約をそれほど受けていない場合でも，財政赤字の削減のために国際機関との交渉に合意する。

図10.3 債務国政府の政策選好と交渉結果

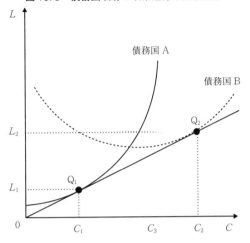

2) **国際機関の選好**：国際機関は以下のような線形の合意メニューを持っているとしよう。

$$L = b + qC \qquad \cdots\cdots ②$$

b は国際機関の予算制約である。この b が大きいほど，その融資可能額は大きくなる。q は国際機関の融資姿勢を表す。q が小さいほどその融資姿勢は厳しく，反対に q が大きいほどその融資姿勢は緩やかになる。国際機関の融資姿勢は，融資相手国によって異なる。国際機関との関係が良好な債務国政府ほど，良い条件で交渉できるだろう。

図10.3は，国際機関の交渉姿勢を所与として，タイプの異なる2つの債務国政府の無差別曲線を表す。債務国 A の最適なコンディショナリティは $C^*=0$ であり，債務国 B の最適なコンディショナリティは $C^*=C_3>0$ である。2つの債務国政府が選択する融資 L とコンディショナリティ C の合意内容は異なる。コンディショナリティを嫌う債務国 A ($C^*=0$) は，点 Q_1 で合意しコンディショナリティ C_1 は小さいが，融資額 L_1 も少ない。コンディショナリティを望む債務国 B ($C^*=C_3>0$) は，点 Q_2 を選択し，厳しいコンディショナリティ C_2 の下で多くの融資 L_2 を得る。

コンディショナリティを嫌う債務国 A は，融資が必要な場合にのみ国際機関に頼る。したがって，このタイプの債務国は外貨準備が少ないであろう。他方，多くのコンディショナリティを望む債務国 B の場合には，外貨準備が少ないとは限らない。たとえ外貨準備が十分でも，コンディショナリティを求めて国際機関と合意する。外貨準備が十分にあるにもかかわらず，多くの融資を受けるという一見直感に反する行為が見られる。

債務国政府は，債務残高の削減のために財政赤字を削減しようとする。しかしそのためには，福祉・医療・公務員給与などの公共支出を削減しなければならない。この公共支出の削減には国内の反対派の同意が必要になる。このとき，債務国政府は，財政赤字の削減という目的の達成のために，IMF や世界銀行のような国際機関を利用する場合がある。債務国政府は，国内の反対派を抑えるために，自らの行動を国際合意によって縛る（Vreeland 2003）。

4.2 債務交渉のモデル

国際機関（IMF）との債務交渉のモデルを構成しよう。債務交渉ゲームは以下のように行われる（図 10.4 を参照）。最初に，債務国政府が IMF に財政赤字削減案 α を提示する。次に，IMF がこの提案 α に同意するか否かを決める。IMF が同意すれば，債務国政府は，国内反対派に提案 α に同意を求める。国内反対派が同意すれば，債務交渉は合意に至る。

1) アクター：このゲームには3人のアクターがいる。債務国政府 G，国内の財政改革反対派 V，IMF である。債務国政府と IMF は，債務国の財政赤字の削減を巡って交渉する。債務国政府は，IMF から融資を得るために財政赤字の削減案を提案する。IMF は，債務不履行を回避しグローバル経済秩序を維持するために，財政赤字の削減を条件（コンディショナリティ）に債務国への融資を検討する。国内の改革反対派は，現状の生活水準を維持するために財政赤字の大幅な削減には反対する。

2) 行動空間：債務国政府と国内反対派および IMF の選択肢をそれぞれ次のように想定しよう。債務国政府は交渉の提案者であり，その行動は，IMF との交渉においてどのような財政赤字削減案 α を提案するかである。ここで，財政赤字 $d \in [0, 1]$ と提案 $\alpha \in [0, 1]$ は，それぞれ大きさ 1 に基準化される。現状の

図10.4 債務交渉ゲーム

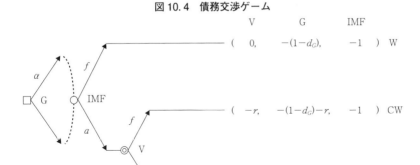

財政赤字を1とする。債務国政府の提案次第では，IMFと交渉が決裂したり，国内反対派が拒否したりする可能性がある。

IMFは，債務国政府の財政赤字削減案αを受け入れる(a)か，それを拒否する(f)かである。国内反対派は国内の拒否権プレイヤーであり，債務国政府とIMFとの交渉の際に，債務国政府の財政赤字削減案αを受け入れる(a)か，それを拒否する(f)かである。

3) 国際状態：債務国政府と国内反対派およびIMFの行動によって，3つの国際状態が生じる。第1は，IMFが債務国政府の財政赤字削減案を受け入れず，交渉が決裂する場合（W：IMF拒否）である。第2は，国内反対派が債務国政府の財政赤字削減案を受け入れない場合（CW：国内反対派拒否）である。第3は，債務国政府の財政赤字案に対して，IMFがそれを受け入れ，国内反対派もそれに同意する場合（P：合意）である。

IMFが受け入れ可能でかつ国内反対派が同意するような交渉案を債務国政府が提案すれば，IMF合意が実現する。しかし，IMFが交渉案を拒否したり，国内反対派が交渉案を拒否したりする場合には，債務交渉は失敗する。

4) 債務国政府の利得：債務国政府の利得は，財政赤字dの実現値と債務国政府の理想点$d_G \in [0,1]$の乖離で表すとしよう。IMFと交渉が決裂する場合，財政赤字は現状の値（$d=1$）で維持される。このとき，債務国政府の利得は$-(1-d_G)$で表される。この利得関数は，財政赤字が政府の理想点と同じ場合に最大値0になる。理想点から乖離するにつれて低下し，最小値は-1である。

債務国政府が IMF と交渉後に，国内反対派が交渉案を拒否する場合には，債務国にペナルティ r がかかるとしよう。このとき，債務国政府の利得は，$-(1-d_G)-r$ になる。IMF と国内反対派が共に債務国政府の交渉案 a を容認する場合（P）には，債務国政府の利得は，$-(a-d_G)$ である。

5) 国内反対派の利得：国内反対派の利得も，財政赤字 d の実現値とその理想点 d_V の乖離で表す。国内の改革反対派の理想点は，現状の財政赤字の値 1 に等しい（$d_V=1$）とする。債務国政府と IMF との交渉が決裂する場合，国内反対派の利得は $-(1-1)=0$ である。債務国政府が IMF との交渉後に，国内反対派が交渉案を拒否する場合には，債務国にペナルティ r がかかる。このとき，国内反対派の利得は，$-(1-1)-r=-r$ である。IMF と国内反対派が共に債務国政府の交渉案 a を容認する場合には，国内反対派の利得は $-(1-a)$ である。

6) IMF の利得：IMF の利得も，財政赤字 d の実現値と IMF の理想点 d_F の乖離で表す。IMF の理想点は財政赤字ゼロ（$d_F=0$）とする。債務国政府の提案を拒否する場合，IMF の利得は $-(1-0)=-1$ である。債務国政府が IMF との交渉後に，国内反対派が交渉案を拒否する場合も，IMF の利得は $-(1-0)=-1$ である。IMF には，債務国政府に容認可能な最大限の財政赤字 $n\in[0,1]$ があるとしよう。この値 n は，交渉相手国によって異なる。債務国政府との合意案がこの限界値 n を超える場合には，IMF の利得が低下する。この限界値よりも小さい場合には，IMF の利得が増大するとする。このとき，債務国政府の交渉案 a が合意される場合，IMF の利得は，$-(1-0)+(n-a)=-1+(n-a)$ である。

4.3 債務交渉の分析

後向き帰納法に従って，最後の手番から検討しよう。

例題 1　国内反対派の行動

国内反対派は，どのような行動をとるだろうか。

解答：国内反対派は，政府の交渉案 a に同意すれば，$-(1-a)$ の利得を得る。それに反対すれば，利得は $-r$ である。交渉案の同意と拒否の利得が等しい場

合には，交渉案を受け入れるとする。$m=1-r$と定義する。このとき，国内反対派の選択は以下のようになる。

$\alpha \geqq m$のとき　IMF交渉案に同意する。
$\alpha < m$のとき　IMF交渉案を拒否する。

財政赤字案αが十分に大きい場合には（$\alpha \geqq m$），交渉案に同意する。財政赤字案αが十分に小さくなると（$\alpha < m$），改革反対派は交渉案を拒否し，現在の利得を確保しようとする。$m=1-r$であるので，合意案を拒否した場合のペナルティr（拒否のコスト）が大きいほど，国内反対派が批准する可能性が大きくなる。IMFが債務国に大きなペナルティを課せばそれだけ，国内反対派が批准する可能性が大きくなる。

例題2　IMFの行動

IMFはどのような行動をとるだろうか。

解答：IMFは，債務国政府の交渉案を拒否すれば，-1の利得を得る。その交渉案αを受け入れるとき，国内反対派がそれに同意すれば，$-1+(n-\alpha)$の利得を得る。しかし，同意しなければ，利得は-1である。したがって，IMFの選択は以下のようになる。

$n \geqq \alpha$のとき　債務国政府の交渉案に同意する。
$n < \alpha$のとき　債務国政府の交渉案を拒否する。

債務国政府の財政改革案αがIMFの容認可能な最大値nを下回れば，IMFはその提案に同意する。しかし，その財政改革案が不十分であれば，IMFは拒否する。IMFは，交渉相手の債務国によって容認可能な最大値nを調整する。債務国に大きな財政改革を求める必要があるとIMFが判断する場合には，nの値は小さくなる。

例題3　債務国政府の提案

債務国政府は，どのような財政改革案αを提案するだろうか。

解答：政府の財政改革案αは，政府の理想点d_G，国内反対派の行動，IMFの

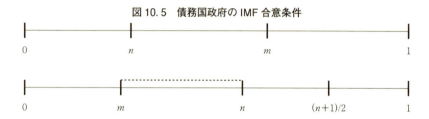

図 10.5 債務国政府の IMF 合意条件

行動に依存して異なる。政府の財政改革案 α は，国内反対派と IMF の同意を得るためには，$m \leq \alpha \leq n$ の条件を満たさなければならない（図 10.5 を参照）。すなわち，図 10.5 の上図のように，IMF の財政改革の要求が厳しすぎるか，国内反対派が強硬すぎる場合（$n<m$）には，政府がどのような提案をしても，交渉は失敗する。図 10.5 の下図の点線領域の中にある場合には，政府の財政改革案は，IMF と国内反対派によって同意される。

IMF や国内反対派が同意するような条件（$m \leq \alpha \leq n$）が存在するとしよう。このとき，政府はどのような財政改革案 α を提示するだろうか。政府の改革案 α は，その理想点 d_G の大きさによって 4 つの CASE に分けられる。

CASE 1（$0 \leq d_G < m$）の場合には，政府は $\alpha = m$ となるような財政改革案を提案し，IMF も国内反対派もそれに同意する。政府は，ネオリベラリズムの経済改革を志向し（理想点 d_G がゼロに近い），財政赤字の削減に積極的である。このとき，国内反対派に容認限界値 m の提案をする。

CASE 2（$m \leq d_G \leq n$）の場合には，政府は $\alpha = d_G$ となるような財政改革案を提案し，IMF も国内反対派もそれに同意する。政府の理想点がこの条件を満たす限り，政府の利得を最大にする理想点の財政改革案を提示する。このとき，政府の利得は最大の 0 となる。

CASE 3（$n < d_G \leq (n+1)/2$）の場合，政府は $\alpha = n$ となるような財政改革案を提案し，IMF も国内反対派もそれに同意する。政府は，先の場合よりも経済改革の姿勢が後退し，IMF が容認する限界値 n を提案する。

CASE 4（$(n+1)/2 < d_G$）の場合，政府は $n < \alpha \leq 1$ の任意の財政赤字案を提案する。政府の理想点は国内反対派に近く，財政改革の意思は十分ではない。このとき，国内反対派は賛成するが，IMF は反対するので，債務交渉は失敗する。この結果，財政赤字は削減されず，現状維持になる。

例題4　債務交渉合意の条件

債務国政府とIMFが交渉に合意する条件は何か。

解答：債務国政府の提案がIMFと国内反対派に受け入れられ，交渉が成立するためには，① $m \leq a \leq n$，② $0 \leq d_G < (n+1)/2$ という2つの条件を満たさなければならない。

第1の条件は，パットナムの命題（Putnam, R.）を示唆している。国内に強硬な反対派がいる場合（m の値が大きく $n<m$）には，合意可能領域が小さく，交渉が失敗する可能性がある。強硬な反対派がいない場合（$m \leq a \leq n$）には，IMF合意が実現する可能性が高まる。第2に，IMF合意の結果は，債務国政府の理想点，すなわち経済改革の姿勢に依存している。改革志向の政府ほど，大きな財政赤字削減策をIMFと合意する。

ギリシャ政府のトロイカとの債務交渉が難航するのは，ギリシャ政府の理想点が国内反対派の要求に近いからである。ギリシャ政府とトロイカは，CASE 4の状況下で債務交渉を繰り返すことになる。この交渉が合意するとすれば，CASE 3のようなトロイカが容認する限界値での合意になる。

文献案内

Guide to Further Reading

Reinhart, C. and K. Rogoff（2009）*This Time is Different*, Princeton: Princeton University Press（村井章子訳『国家は破綻する——金融危機の800年——』日経BP社，2011年）．
　＊国家の債務危機について歴史的に検討している。

Vreeland, J. R.（2003）*The IMF and Economic Development*, Cambridge: Cambridge University Press.
　＊発展途上国のIMFとの債務交渉について分析している。

田中素香（2016）『ユーロ危機とギリシャ反乱』岩波書店。
　＊ギリシャの債務危機とユーロ危機について検討している。

第11章
通貨同盟からの離脱で何が起きるか

パズル：ギリシャのユーロ圏からの離脱で欧州のマクロ経済に何が起きるか．

解答：ユーロ圏からの離脱によってギリシャは，一時的に為替レートを切り下げて輸出を増大し，失業率を低下させることができるかもしれない．しかし，長期的にはインフレ率の上昇によって輸入が増大し，経常収支が悪化する．その結果，ギリシャ政府の政治的支持率が低下し，政治不安が増大するだろう．一方，ユーロ圏は，ギリシャの離脱によってマクロ経済的には失業率とインフレ率が低下する．

通貨同盟は，各国が国民通貨と通貨主権を放棄し，単一通貨を共有し，共通の通貨政策を実施することである．この通貨同盟によって，為替変動のリスクを回避し，取引コストを削減することができる．しかし各国は，通貨主権を放棄することによって金融政策手段を失う．通貨同盟からの離脱は，通貨主権や金融政策手段を取りもどすことができるが，政府の信頼性問題を引き起こす可能性がある．

Keywords
市場統合，ローマ条約，通貨同盟，経済・通貨同盟，マーストリヒト条約，欧州連合（EU），ユーロ，ギリシャ債務危機，ユーロ危機，政治的支持関数，信頼性問題

1 通貨同盟の形成

欧州通貨同盟の原点はローマ条約にある。欧州は，ローマ条約（1957年）によって単一市場の方向を確認し，EMS（1979年）によって通貨協力を経験し，マーストリヒト条約（1993年）によって通貨同盟を実現した。通貨同盟の経緯について検討しよう（表11.1を参照）。

1.1 市場統合から通貨協力へ

1) 市場統合：欧州の経済統合は1957年3月の**ローマ条約**から始まる。ローマ条約は，欧州市場統合の原点であり，その後1987年7月の単一欧州議定書の発効，1992年末までの財・サービス・人・資本の域内自由化，1993年11月のマーストリヒト条約の発効につながる。ローマ条約には仏・西独・伊・ベルギー・オランダ・ルクセンブルクが調印した。

ローマ条約によって，1958年に欧州経済共同体（EEC）と欧州原子力共同体（EAEC）が発足した。EECは関税同盟と共通農業政策を目指し，1968年7月に関税同盟が成立した。また同時期に共同農業市場も完成した。1967年7月には，EEC，EAEC，欧州石炭鉄鋼共同体（ECSC，1952年7月発足）が統一され，**欧州共同体**（EC: European Community）が設立された。

2) 通貨同盟計画：1970年10月に単一通貨の導入を目指すウェルナー報告が提出された。ウェルナー報告は以下のような方向を示した。①3段階で通貨統一を達成する，②為替の変動幅を漸次縮小し単一通貨の導入を目指す，③財政政策と通貨政策を担当する地域規模の2つの国際機関を創設する。この報告は，後のユーロが分権的で単一市場との関係を重視していた点と比べ，集権的で単一市場との関係が不十分であった。

ウェルナー報告では，為替相場縮小を優先するフランスの通貨同盟（マネタリスト）と，経済政策の収斂後に通貨統合を行う西ドイツの経済同盟（エコノミスト）の並行的推進が確認された。両国の対立の背景には，西ドイツのインフレ抑制，フランスの成長志向（インフレ容認）という独・仏の政策スタンスの相違があった。西ドイツは，輸入インフレを懸念し，フランスにインフレ抑

表11.1　通貨同盟の経緯

年月	通貨同盟の推移
1957.3	ローマ条約調印（1958，EEC発足）
1967.7	欧州共同体（EC）発足
1970.10	ウェルナー報告
1979.3	欧州通貨制度（EMS）の創設
1987.7	単一欧州議定書（市場自由化計画）の発効
1989.4	ドロール委員会報告
1990.10	東西ドイツ統合，（1990.7　東西ドイツ通貨統合）
1993.11	マーストリヒト条約発効，欧州連合（EU）の発足
1999.1	単一通貨ユーロ導入
2010.4	ギリシャの債務危機から第1次ユーロ危機
2011.6	ギリシャの危機再燃から第2次ユーロ危機
2012.4	ギリシャ・スペインの金融危機から第3次ユーロ危機
2012.9	ECBのOMT政策

制を要求した。

1971年8月の金・ドル交換停止の後，EC6カ国は，1972年4月にスネーク制度（トンネルの中のヘビ）を開始した。これは域内固定為替レート制で，対ドル相場の上下2.25％で市場介入をするものである。その後1973年3月に，域内固定為替レート制を維持したまま，ドルに対して変動為替レート制（共同フロート：トンネルを出たヘビ）に移行した。共同フロートは1998年末まで継続されたが，この間，インフレ重視の西ドイツと成長重視の英・伊・仏とが対立し，1976年3月にフランスの再離脱後，マルク圏（独・デンマーク・ベネルクス3国）へ移行した。

3) 欧州通貨制度：1979年3月，域内通貨協力を促進する欧州通貨制度（EMS: European Monetary System）が創設された。EMSの目的は，加盟国の為替レートを安定させ，域内に安定通貨圏を形成することである。EMSには次のような特徴がある。

第1に，加盟国の為替レートの基準通貨としてECU（European Currency Unit）を導入した。ECUは加盟国すべての通貨を構成通貨とするバスケット通貨である。ECUの価値は，各国のGDPや貿易量などを考慮して各通貨の加重平均によって表された。このECUをもとに各通貨の中心レート（平価）が設定された。

第2に，域内為替レートの安定のために，為替相場メカニズム（ERM: Exchange Rate Mechanism）を採用した。ERM は，調整可能な釘付け制度であり，通貨相互間の為替レートを中心レートの上下 2.25%（1993 年 8 月以降，15% に拡大）以内に固定した。為替レートが変動幅の限界に達した場合には，各国は市場介入の義務を負う。ただし，国際収支の不均衡が継続する場合には，中心レートの変更が認められた。

第3に，ERM を維持するために，加盟国通貨の相互信用供与制度を創設した。各国は，超短期の金融ファシリティを利用することができた。また，限界点介入の場合には，相手国から無制限に通貨を借り入れることができた。

ERM の運用は実際には，ECU よりも域内の安定した通貨であるマルクを基準に行われた（マルク本位制）。マルクは，EMS における中心通貨（N 番目の通貨）として他の諸国の為替レートの決定や金融政策の指標になった。1980 年代に欧州各国はインフレ抑制を優先課題とし，政策協調はインフレ・ファイターとしての西ドイツの通貨安定政策に収斂していった。

EMS は欧州通貨協力に新しい段階を開いた。その成果は，独・仏を中心にした域内通貨協力を西ドイツの通貨安定政策に収斂させ，域内経済のファンダメンタルズを収斂させた点にある。EMS の経験から，欧州各国は，インフレ抑制を共通の政策目標としない限り，域内固定為替レート制の維持が困難であることを理解した。このような EMS の経験がユーロ導入の収斂基準の基礎を形成した。

1.2 通貨同盟の成立

単一通貨ユーロの導入は，通貨主権のもとでの各国の通貨政策の協調から，各国の通貨主権の放棄のもとでの単一の通貨政策への転換を意味する。このような方向への舵取りは，ドロール委員会報告やマーストリヒト条約によって行われた。

1) 経済・通貨同盟：1989 年 4 月，ドロール委員会報告が提出された。この報告書は 3 段階による通貨同盟と経済同盟への道を示した。通貨同盟には，①通貨の全面的交換可能性の保証，②資本移動の自由化と金融市場の統合，③為替変動幅縮小と非可逆的固定化が含まれる。経済同盟は，①単一市場，②EC 競

争政策，③共通構造・地域政策，④マクロ政策協調からなる。この報告書を基礎にマーストリヒト条約が成立する。

1992年2月，**マーストリヒト条約**（欧州連合条約）が調印された。この条約で経済・通貨同盟（EMU: Economic and Monetary Union）の実現に向けて，次の3段階の内容と実施期限が合意された。第1段階（1990年7月以降）：資本移動の自由化。第2段階（1994年1月以降）：欧州通貨機関（EMI: European Monetary Institute）の創設。第3段階（1999年1月以降）：単一通貨ユーロの導入。

EMUの第3段階へ参加するために4つの収斂基準が設定された。第1に，インフレ率：過去1年間における消費者物価の上昇率が加盟国の低位3カ国の平均値から+1.5%ポイント以内にあること。第2に，長期金利：過去1年間における長期国債利回りが加盟国の低位3カ国の平均値から+2%ポイント以内にあること。第3に，財政赤字：対名目GDP財政赤字比率が3%以内にあること。対名目GDP政府債務残高比率が60%以内にあること。第4に，為替レート：過去2年間ERMの通常変動幅を維持し，中心レートの切り下げを行わないこと。

このような基準を満たすために，各国は，経済成長のような国内目標よりも，インフレ抑制・為替レート安定・財政再建のような国際目標を優先することになった。

2）欧州連合の発足：1992年6月，マーストリヒト条約は通貨危機の洗礼を受けた。デンマークが国民投票によってマーストリヒト条約の批准を拒否したのを機に，EMUへの不信が高まり，ポンドやイタリア・リラが売られた。同年7月，東西ドイツ統一に伴う財政赤字からインフレ圧力が強まったために，ドイツが金利を引き上げた。これが他の域内諸国の経済成長に負担を課すことになり，同年9月17日，ブラック・ウェンズデーにポンドとイタリア・リラがEMSから離脱した。

1993年夏，フランスの景気後退からフランが投機の対象になり，再び欧州通貨危機が起きた。通貨投機が激化する中，同年8月，ERMの変動幅が上下±15%に拡大された。その後通貨投機は収まり，域内の為替レートは安定を取り戻し，1993年11月にマーストリヒト条約が発効した。**欧州連合**（EU: European Union）が15カ国で発足し，2013年にはクロアチアが加盟し28カ国になっ

第 11 章　通貨同盟からの離脱で何が起きるか

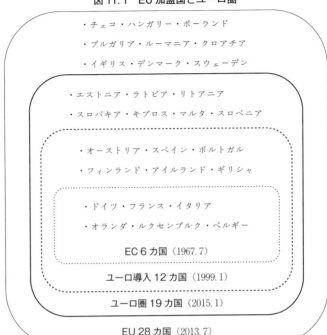

図 11.1　EU 加盟国とユーロ圏

注）ギリシャのユーロ参加は 2001 年。イギリスは 2016 年 EU 離脱を決定。

た（図 11.1 を参照）。しかしその後，イギリス社会が移民問題で分裂し，2016 年に国民投票で EU からの離脱を決定した。

3）ユーロ導入：1998 年 6 月に，EMI を引き継いだ**欧州中央銀行**（ECB）が創設された。ECB は単一通貨ユーロを供給し，EU の金融政策を一元的に実施する。マネー・サプライの伸び率に参考値を設定し，2% 以内の物価安定を最終目標とした。ECB は，EU や各国の政治からの独立性を維持し，各国の中央銀行と欧州中央銀行制度（ESCB）を形成した。ECB が全体の意思決定を行い，各国の中央銀行がその運用を行った。

金融政策は ECB によって一元化されたが，財政政策は各国単位で裁量的に実施されている。ただし，財政政策の規律が緩められないように，1996 年 12 月に安定成長協定が締結された。財政赤字が対 GDP 比で 3% を継続的に超え

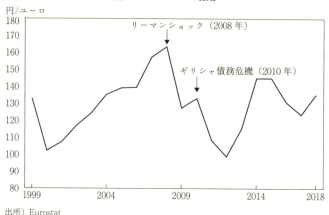

図11.2 ユーロの推移

出所）Eurostat

た場合には，制裁が科されることになった。ユーロ導入後，2010年9月にギリシャの財政赤字の改竄（ユーロ参加時対GDP比12.6％）が発覚し，その後のユーロ危機の中でスペインやイタリアなどの財政赤字も問題になった。

1999年1月，EMUの第3段階として単一通貨**ユーロ**（Euro）が導入された（1ユーロ＝1.17ドル）。2002年1月にはユーロ紙幣・通貨の流通が開始された。参加国は当初11カ国である。当初の参加国はドイツ，フランス，ベルギー，ルクセンブルク，オランダ，オーストリア（以上コア6カ国），イタリア，スペイン，ポルトガル，フィンランド，アイルランドである。2001年1月にギリシャが参加し，その後，スロベニア（2007年），キプロス・マルタ（2008年），スロバキア（2009年），エストニア（2011年），ラトビア（2014年），リトアニア（2015年）が参加し，ユーロ圏は2018年4月現在19カ国である。

1.3 ユーロ危機と通貨同盟の強化

1）**ユーロ危機**：2010年のギリシャ危機以降，ユーロ危機が頻発し，ユーロ価値は下落した（図11.2参照）。ユーロ危機は，2010年のギリシャの債務危機から始まり，2011年の第2次ユーロ危機へと続いた。2012年以降は，ユーロ圏危機へと発展し，欧州全体が景気後退に巻き込まれた。ユーロ圏の金融危機の原因は，欧州の民間銀行が長期低金利でギリシャなどの南欧諸国の消費者・企

業・政府に大規模に信用を供与したことにあった。その結果，消費ブームや不動産投資が起き，政府は財政赤字を増大させ，累積債務の拡大から債務危機を招いた。

第1次ユーロ危機（2010年4月から2011年4月）の発端はギリシャの債務危機である。2009年10月の総選挙で勝利したパパンドレウ（Papandreou, G. A.）新政権は，前政権の財政赤字の数字が改竄されていたと公表した。これを機に，ギリシャ政府の債務不履行（デフォルト）の危機が始まった。ギリシャの債務不履行は，ギリシャ国債を大量に保有していた独・仏の巨大銀行の危機でもあった。ギリシャ政府は，2010年4月にECBとIMFに金融支援を要請したがまとまらず，金融不安が広がった。同年5月に，ギリシャの財政赤字削減を条件に，EU・ECB・IMFのトロイカによる1100億ユーロの支援が決まった。その後，ユーロ危機は，ポルトガルとアイルランドのデフォルト危機に飛び火した。

第2次ユーロ危機（2011年6月から2012年1月）は，2011年6月のギリシャのデフォルト危機の再燃から始まった。ギリシャの危機は，イタリア・スペインに波及し，8月以降ポルトガル・ベルギー・フランス・オーストリアを巻き込み，ユーロ圏全体の金融パニックになった。しかしこの危機は，同年11月に就任したECB新総裁ドラギ（Draghi, M.）の新政策によって回避された。ECBは，523の民間銀行に低金利で長期資金（3年満期・固定金利1％・4890億ユーロ）を供与した。

ギリシャ・スペインの金融危機の再発から，第3次ユーロ危機（2012年4月から同年8月）が起きた。2012年5月のギリシャの総選挙で，反EUの急進左翼連合シリザ（Syriza）が躍進し，ギリシャのユーロ圏離脱の危機が起きた。これを機に，南欧諸国の資本が米国や日本に流出し，金融危機が広がった。同年6月のギリシャの再選挙で，財政緊縮政策を受け入れるサマラス（Samaras, A.）政権が成立し，ギリシャ危機は収まった。ユーロ圏の金融危機も，同年8月のドラギECB総裁の指導力——金融危機国の国債のECBによる無制限購入措置——で収拾された。

2）ユーロ圏の強化：ギリシャ危機を機に，ユーロ圏は，各国の自己責任原則からECBの規制監督に重点を移し，危機管理を強化した。

ギリシャ政府のデフォルト危機に対するユーロ圏の対応は，マーストリヒト条約で規定された加盟国の自己責任原則であった。EU 運営条約には，加盟国に対する非救済条項と中央銀行の国債直接購入禁止条項がある。非救済条項は加盟国のモラルハザードを防ぐためであり，国債直接購入禁止条項はインフレを抑制するためである。自己責任原則は，ECB に銀行監督や危機対策の権限を与えていない点にも示されていた。

しかし，国債直接購入禁止条項は，ギリシャ危機以降のユーロ圏危機管理において問題になった。2012年9月，ドラギ新総裁のECB は，この条項を改め，危機国の国債の無制限購入（中央銀行の最後の貸し手機能）を決めた。2012年に，EU による欧州安定化メカニズム（ESM），ECB による国債の無制限購入措置（OMT）・銀行監督（SSM）・銀行破綻処理（SRM）などの EU・ECB の規制監督制度が整備された。この間 ECB は，ユーロ危機を乗り越えながらその権限を強化してきた。

2 通貨同盟の分析枠組み

2.1 通貨同盟のモデル

ドイツ（ユーロ圏）とギリシャの2国間の通貨同盟の簡単なモデルを構成しよう。このモデルでは，各国の国内で政府と民間経済主体がインフレ率と失業率を巡ってゲーム（レベル2）を行い，両国のインフレ率は購買力平価（レベル1のゲームのルール）によって決定される。

1) 期待修正フィリップス曲線：各国のインフレ率と失業率の関係は，①式のような期待修正フィリップス曲線で表されるとしよう。

$$U_i = U_{Ni} + a_i(p_i^e - p_i) \qquad \cdots\cdots ①$$

$U_i (i=D, G)$ は失業率，U_{Ni} は自然失業率（完全雇用下の失業率），p_i はインフレ率，p_i^e は期待インフレ率を表す。a_i は失業率のインフレ反応関数で，$a_i(U_i) > 0, \partial a_i/\partial U_i > 0, \partial^2 a_i/\partial U_i^2 > 0$ とする。失業率 U_i は，自然失業率 U_{Ni} とインフレ率の予想誤差 $(p_i^e - p_i)$ によって決定される。インフレ率 p_i が期待インフレ率 p_i^e よりも高いと，失業率 U_i は自然失業率 U_{Ni} 以下に低下する。各国の自然失

図 11.3 フィリップス曲線と政治的支持関数

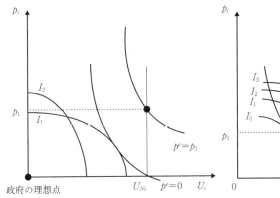

図 11.4 国内均衡

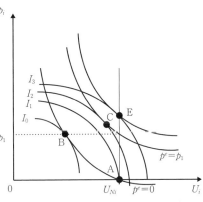

業率 U_{Ni} は社会保障や最低賃金などによって異なる。

図 11.3 は期待修正フィリップス曲線を表す。縦軸はインフレ率 p_i, 横軸は失業率 U_i を表す。右下がりの原点に凸形の曲線は短期フィリップス曲線である。U_{Ni} を通る垂直線 ($U_i=U_{Ni}$) は長期フィリップス曲線を表す。これは, $p_i=p_i^e$ となるすべての点を集めたものである。民間経済主体が合理的に期待形成をする場合には, インフレ予想においてすべての関連情報が利用される。このとき, p_i の平均$=p_i^e$ となり, U_i の平均$=U_{Ni}$ となる。

2) 購買力平価：各国のインフレ率 p_i は②式のように購買力平価によって決定される。

$$p_G = e + p_D \qquad \cdots\cdots ②$$

ここで, e は為替レート（ドラクマの相対価格）減価率, p_G はギリシャのインフレ率, p_D はドイツのインフレ率を表す。ギリシャのインフレ率 p_G は, 長期的には為替減価率 e とドイツのインフレ率 p_D によって決定される。

3) 政治的支持関数：各国の政府は, 政治的支持関数（利得関数）を最大にしようとする。ここで, インフレ率 p_i と失業率 U_i によって政治的支持率が決定されるとしよう。③式は, 各国政府の政治的支持関数 $W_i(i=D,G)$ を表す。

$$W_i = -b_i p_i^2 - (1-b_i) U_i^2 \qquad \cdots\cdots ③$$

b_i は政府の政策選好を表し，b_i が大きいほど，政府はインフレ抑制を重視する。雇用を重視する労働組合の政治圧力が強い場合には，b_i の値は小さくなる。各国の政府は，インフレ率 $p_i=0$ と失業率 $U_i=0$ が実現される経済状態（理想点）のとき，政治的支持が最大になる。

図11.3には，政府の政治的支持関数＝無差別曲線 $I_i(i=1,2)$ が表されている。この関数は，原点に向かって凹形で，政府の政策選好を表す。この関数の傾きは，インフレと失業に対する政府の相対評価 b_i を表す。政府には，インフレを重視する厳しい政府（I_1）と，失業を重視しインフレに寛容な政府（I_2）がある。政府のタイプは各国の国内政治によって異なり，労働組合が強いと，政府は失業率を重視しインフレに寛容になる傾向がある。

2.2 国内均衡と通貨同盟

1）国内均衡：図11.4で国内均衡について検討しよう。当初，政府はインフレ率をゼロにする通貨政策を公表するとしよう。民間経済主体は，この通貨政策を信頼し，インフレ期待をゼロにするとする（$p_i^e=0$）。このとき，経済は一時的に点A（**シュタッケルベルグ均衡**）に落ち着く。

政府の政治的支持は点Aにおける無差別曲線 I_1 で表される。政府は，フィリップス曲線（$p_i^e=0$）を所与として，この点Aよりも政治的支持を高めるような点Bが無差別曲線 I_0 上にあることを知る。点Bは，インフレ率を p_1 に引き上げ，失業率を低下させることによって達成される。こうして政府は，インフレ率をゼロにする通貨政策を公表した後に，インフレ率を引き上げる誘因を持つことになる（点Bは**チーティング解**）。

政府が近視眼的な場合には，政治的支持を高めるためにインフレ率を p_1 に引き上げるだろう。その結果，経済は点Bに移動し，政府の政治的支持は上昇する。しかし，インフレ率が p_1 に上昇すると，民間経済主体のインフレ期待が上昇し（$p_i^e=p_1$），フィリップス曲線が上方にシフトする。その結果，経済は点Cに移動する。点Cではインフレ期待がさらに上昇するので，フィリップス曲線はさらに上方にシフトし，経済は裁量的均衡点E（**ナッシュ均衡**）に到達するまで移動する。

例題 1　裁量的均衡点の特徴

図 11.4 の裁量的均衡点 E には，どのような特徴があるか説明せよ。

解答：裁量的均衡点 E は，点 A よりも政府の理想点（原点）から離れ，政治的支持が低い。しかし，政府が近視眼的で，民間経済主体が合理的な予想をする場合には，点 E は唯一の安定均衡である。近視眼的な政府は，インフレ率を引き上げる誘因を持っている。民間経済主体は，そのような政府の誘因を予想し，インフレ期待を調整する。両者の調整が終わった状態が点 E である。点 E では，失業率は点 A と同じ水準まで上昇し，インフレ率は点 A の水準以上に高くなり，政治的支持も低下する。

裁量的均衡点 E の位置は，政府の政治的支持関数の形状や自然失業率によって異なる。政府の政治的支持関数 W_i の傾きは，政府が厳しい場合には緩やかで，寛容な場合には急勾配になる。フィリップス曲線が同じ傾きでも，均衡インフレ率は，寛容な政府のほうが厳しい政府よりも高くなる。裁量的均衡点 E は自然失業率によっても異なる。政府の政治的支持関数が同じ形状でも，自然失業率 U_{Ni} が上昇すると，均衡インフレ率は高くなる。

2) 通貨同盟：ドイツ（ユーロ圏）とギリシャの通貨同盟について検討しよう。ドイツ政府はインフレに厳しく，ギリシャ政府はインフレに寛容とする。両国のインフレ率は購買力平価によって結びつけられている。ギリシャのインフレ率はドイツより高いので，通貨同盟前には，ギリシャの通貨は持続的に減価することになる。

図 11.5 では，通貨同盟前の両国の均衡インフレ率を p_D と p_G，ギリシャの通貨の減価率を e で表す。U_{ND} と U_{NG} はドイツとギリシャの自然失業率，E_D と E_G はドイツとギリシャの国内均衡である。ギリシャのインフレ率がドイツよりも高いと，輸入が増大し貿易収支が赤字になる。貿易収支の均衡のためには，ギリシャはいずれ通貨切り下げが必要になる。ギリシャの国内均衡 E_G では，高いインフレ率のために政治的支持 I_2 が低くなる。

ギリシャが通貨同盟に参加すれば，インフレ率を抑制し，政府は高い政治的支持 I_1 を得ることができる。ユーロ圏参加によって，ギリシャの国内均衡は点 E_G から点 F に移動する。このとき，ギリシャのインフレ率はドイツのイン

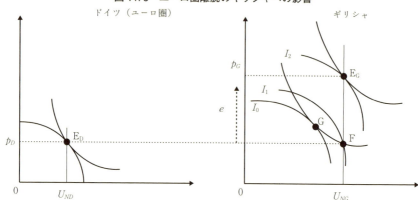

図11.5 ユーロ圏離脱のギリシャへの影響

フレ率まで低下し，ギリシャ政府の政治的支持は上昇する。

3 通貨同盟からの離脱

ユーロ圏離脱がギリシャとユーロ圏のマクロ経済に及ぼす影響について検討しよう。通貨同盟への影響はギリシャのような小国とイタリアのような大国では異なる。ここでは，通貨同盟から離脱するのは，ギリシャのような小国であると想定する。

3.1 ギリシャへの影響

ユーロ圏から離脱し，ドラクマを国民通貨として再び採用したとき，ギリシャはどのようなマクロ経済的な影響を受けるだろうか。ユーロ圏離脱後に為替レートを切り下げる場合と，固定レート制を維持する場合について検討しよう。

ギリシャがユーロ圏から離脱し，為替レートを切り下げるとしよう（図11.5 の点Fから点Gへの移動）。このとき，ギリシャは，価格競争力によって輸出を増大し，経常収支赤字を削減することができる。また為替切り下げによってインフレ率を上昇させれば，景気回復によって失業率も低下させることができる。こうして，短期的には政治的支持を I_1 から I_0 に上昇させることができる。しかし，民間経済主体が予想インフレ率を調整すると，長期的には失業率は再

び上昇し，インフレ率がさらに上昇する（点Gから点E_Gへの移動）。その結果，政治的支持は長期的にはI_1からI_2に低下し，政治不安が増大する。

次に，ギリシャ政府が，為替レートをユーロに固定する場合について検討しよう。固定為替レート制の採用は，購買力平価が成立すれば，ギリシャのインフレ率p_Gをドイツのインフレ率p_Dに収斂させる。その結果，図11.5の点Fに経済を維持できれば，ギリシャ政府は低いインフレ率を維持し，高い政治的支持を得ることができる。

しかし，ギリシャの固定為替レート制には，政府の信頼性に問題がある。点Fにおいて，反EU志向のギリシャ政府にはインフレ率引き上げの誘因がある。同じフィリップス曲線上の点Gは点Fよりも高い政治的支持を示す。ギリシャ政府が近視眼的な場合には，インフレ率を引き上げ，ドラクマをいずれ切り下げる。また，インフレ率の上昇は民間経済主体のインフレ期待を修正し，長期的には経済は裁量的均衡点E_Gに到達する。よって，固定為替レート制を採用しても，インフレ抑制も為替レートの安定も難しいだろう。

例題2　政府の信頼性問題

ギリシャ政府の政策に信頼性はあるだろうか。

解答：ギリシャ政府は，通貨切り下げによって得られる短期的利益（点Fから点Gへの利得の増大）と，それによって生じる長期的コスト（点Fから点E_Gへの利得の低下）とを比較し，近視眼的な場合にはインフレ率を引き上げる（＝通貨切り下げ）だろう。インフレ格差によって政府が定期的に平価切り下げを行うと，平価の再調整予定日の前に大規模な通貨投機が発生し，固定為替レート制が維持できなくなる。ギリシャ政府に平価切り下げの選択権があるかぎり，このような**信頼性問題**（コミットメント問題）は解消されない。

3.2　ギリシャ離脱のユーロ圏への影響

ギリシャ離脱がユーロ圏のマクロ経済に及ぼす影響について検討しよう。

例題3　ユーロ圏のインフレ率

ギリシャの離脱は，ユーロ圏のインフレ率にどのような影響を及ぼすだろう

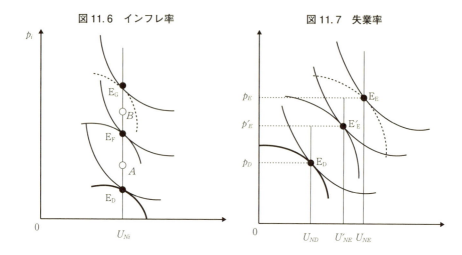

図 11.6　インフレ率

図 11.7　失業率

か。

解答：ギリシャの離脱は，ユーロ圏のインフレ率を低下させる。図 11.6 によって独・仏・ギリシャの 3 国からなる通貨同盟を検討しよう。この 3 国の短期と長期のフィリップス曲線および自然失業率は同じとする。3 国で異なるのは，インフレと失業の選択に関する政治的支持関数の形状である。ドイツはインフレ抑制に強い選好を持ち，その関数の形状は緩やかである。ギリシャは失業率低下に強い選好を持ち，その関数の形状は急勾配である。フランスは，両国の中間の選好を持つとする。均衡インフレ率は，独・仏・ギリシャの順で低く，それぞれ E_D, E_F, E_G で表されるとする。

通貨同盟は共通インフレ率の選択問題である。ECB は，加盟国の選好を考慮して政策決定をするであろう。このとき，通貨同盟の均衡インフレ率は同盟の参加国によって異なる。独・仏が 2 国で通貨同盟を組むとすれば，均衡インフレ率は点 E_D と点 E_F の中間，たとえば点 A に決まる。ドイツの政治的支持は低下するが，通貨同盟によって得られる他の利益が十分に大きければ，ドイツにとって通貨同盟は意義のあるものとなる。

独・仏・ギリシャの 3 国の通貨同盟の場合には，均衡インフレ率は点 E_D と点 E_G の間，たとえば点 B に決定される。このとき，通貨同盟によるドイツの政治的支持の低下は，独・仏 2 国の場合よりも大きくなる。ギリシャが債務不履

行のような問題を抱える場合には，ドイツがユーロ圏からギリシャを離脱させる誘因がさらに大きくなる。

例題4 ユーロ圏の失業率

ギリシャの離脱は，ユーロ圏の失業率にどのような影響を及ぼすだろうか。

解答：ギリシャの離脱は，ユーロ圏の失業率を低下させる。図11.7は，自然失業率の相違が通貨同盟に及ぼす影響を表す。ECBがインフレ抑制に関してドイツと同じ政策選好を持っていたとしても，欧州各国の自然失業率の相違のために均衡インフレ率が上昇する可能性がある。ECBとドイツ政府の政策選好は同様に厳しく，両者の選好関数は同じで，フィリップス曲線の形状も同じとする。自然失業率は，ギリシャのほうがドイツより高いとする。このとき，通貨同盟参加国の自然失業率 U_{NE} はドイツの自然失業率 U_{ND} よりも高くなる。この自然失業率の相違によって，通貨同盟の均衡インフレ率 p_E もドイツのインフレ率 p_D より高くなる。

通貨同盟にはインフレ・バイアスが存在する。その理由は，高い自然失業率にある。自然失業率が高いために，短期のフィリップス曲線の形状が同じでも，短期・長期のフィリップス曲線の位置が異なる。その結果，均衡インフレ率が上昇することになる。高い自然失業率のギリシャの離脱は，通貨同盟の自然失業率を U_{NE} から U'_{NE} に低下させ，均衡インフレ率を p_E から p'_E に低下させる。

文献案内

Guide to Further Reading

De Grauwe, P. (2009) *Economics of Monetary Union*, 8th ed., Oxford: Oxford University Press（田中素香・山口昌樹訳『通貨同盟の経済学——ユーロの理論と現状分析——』勁草書房，2011年）．
 ＊通貨同盟の理論に関する基本的なテキスト。
Tietmeyer, H. (2005) *Herausforderung Euro*, München: Hanser（国際通貨研究所・村瀬哲司監訳『ユーロへの挑戦』京都大学学術出版会，2007年）．
 ＊ドイツ連邦銀行元総裁によるユーロ誕生の内幕に関する作品。

田中素香（2016）『ユーロ危機とギリシャ反乱』岩波書店。
　＊ギリシャの債務危機とユーロ危機について検討している。

第 12 章
通貨危機は回避できるか

パズル：資本移動のグローバル化の中で，通貨危機は回避できるか。
解答：通貨危機を回避するには，通貨当局の政策対応だけでは十分ではなく，国際金融資本や国際金融機関も関与するような国際金融支援体制を構築しなければならない。資本移動のグローバル化や各国の国家主権を前提にすれば，通貨投機の期待収益やコストを管理したり，現地通貨当局の経済政策に介入したりするのは容易ではない。通貨危機を回避するには，米国やG7・IMFを中心に民間資本も関与するような国際金融支援体制を確立し，危機管理の信頼性を高めることが重要になる。

Keywords
メキシコの通貨危機，経常収支赤字，短期資本の流入，政策介入，国際金融支援，最後の貸し手，モラルハザード，安心供与ゲーム，自己実現的な予想，危機管理の信頼性，評判効果

1 メキシコの通貨危機

1994年12月20日，政府が為替レートの介入上限を15%切り下げたのを機に，メキシコの通貨危機が発生した。通貨当局の外貨準備が2日間で50億ドル減少したために，12月22日，政府は固定為替レートの維持を放棄し，変動為替レート制への移行を余儀なくされた。通貨切下げ後1週間で，ペソは1ドル3.46ペソ（0.28ドル／ペソ）から5.65ペソ（0.17ドル／ペソ）へ63%下落した（図12.1では100分の1のデノミ表示）。

通貨危機がメキシコ経済に及ぼした影響は大きかった。実質為替レートの減価や国内需要の抑制によって，貿易収支は1994年の185億ドルの赤字から1995年には71億ドルの黒字に転じた。しかし，為替減価や金利上昇によって銀行の約3割が倒産し，1995年の経済成長率は−6.2%に下落し，インフレ率も52%に上昇した。

メキシコ通貨危機の構造的原因は経常収支赤字の拡大と短期資本収支によるファイナンスであり，通貨危機の直接の契機は国際利子率の上昇と国内政治不安であった。通貨危機は，政府の政策介入と共に米国主導の国際金融支援によって収拾された。

1.1 経常収支赤字の拡大と短期資本の流入

メキシコの通貨危機の構造的原因は，経常収支赤字の拡大と短期資本収支によるファイナンスである。

1) 経常収支赤字の拡大：1990年代前半のメキシコの経常収支赤字拡大の原因は，実質為替レートの増価と民間需要の拡大である。実質為替レートが増価したのは，名目為替レートをインフレ抑制のアンカーとするヘテロドックス型の経済安定化政策に原因がある。1980年代末以降のメキシコの為替政策は，事実上の固定為替レート制であり，インフレの進行の中で実質為替レートが増価し，経常収支の悪化をもたらした。1997年のアジア通貨危機の際も，各国は事実上の固定為替レート制をとり，経常収支赤字は拡大する傾向があった。

2) 短期資本の流入：1990年代前半のメキシコの経常収支赤字は，証券投資

第12章 通貨危機は回避できるか

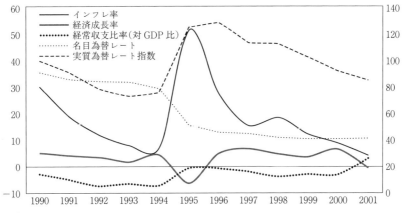

図 12.1 メキシコのマクロ経済指標

出所）Banco de México

を中心にした短期資本収支の黒字によってファイナンスされた。アジア通貨危機の際には，民間短期資本が銀行融資の形態で流入していた。メキシコでは政府の短期債務が問題になったが，アジア諸国（タイ・インドネシア・マレーシア・フィリピン・韓国）では企業や銀行の短期債務が通貨危機の原因になった。

メキシコの国債市場は，金融・資本市場の改革によって国際化した。1989年に，インフレ連動型長期国債のアフスタボノス（Ajustabonos）やドル連動型短期国債のテソボノス（Tesobonos）のような新たな国債が発行され，政府の資金調達は国債市場への依存を高めた。1989年の外資法改正で外国人の株式取得制限が緩和され，アフスタボノス，テソボノス，ボンデス（Bondes），セテス（Cetes）などの国債の外国人保有が可能になった。この結果，メキシコ国債の外国人保有比率が急上昇した。

1994年4月以降，メキシコ政府は，国債の構成をペソ建てのセテスからドル連動のテソボノス——通貨下落を金利の上昇によって自動的に補塡する国債——にシフトさせてきた。国債残高に占めるテソボノスの比率は1993年末の2.8%から1994年末には55.3%に上昇した。その保有者の9割以上が外国人であった。しかしこの結果，1994年末の非居住者のテソボノス残高が165億ドルになり，外貨準備61億ドルの3倍近くに達した。さらに，1995年に償還を迎えるテソボノスは280億ドルに達していた。国際的な支援がなければ，政府

は債務支払いの停止を余儀なくされる状況にあった。

1.2　国際利子率の上昇と国内政治不安

　通貨危機の直接の契機は，国際利子率の上昇と国内政治不安であった。

　国際利子率の上昇は，対メキシコ投資の期待収益率を相対的に低下させ，資本流出の原因を形成した。米国の利子率は，1990年代前半には低下傾向を示し，メキシコに大量の資本流入をもたらしていた。しかし1994年2月以降，FRBは，国債利率を何度も引き上げ，米国の利子率は上昇傾向に転じた。これを機に，同年3月以降，メキシコへの資本流入は急減した。

　メキシコ国内の政治不安は，対メキシコ投資のリスクを高め，資本流出の原因を形成した。1994年1月1日，北米自由貿易協定（NAFTA）発効の日に，サパティスタ民族解放軍（EZLN）が「メキシコの民主主義と先住民の人権擁護」を求め武装蜂起した。同年3月には，政権与党の制度的革命党（PRI）の大統領候補コロシオ（Colosio, L.）が暗殺された。9月にはPRI幹事長のマシュー（Massieu, J.）が暗殺され，11月には捜査に当たっていた実弟のマシュー（Massieu, M.）副検事総長が辞任した。さらに12月19日，EZLNが政府の停戦破棄を理由に複数の村を占拠した。その翌日，急激な資本流出が発生した。

1.3　政策介入と国際金融支援

　メキシコの通貨危機は，政府の政策介入と米国主導の国際金融支援によって収拾された。

　1）政策介入：メキシコ政府は，通貨危機直後，為替介入によって通貨下落に対応しようとした。1995年1月3日に，緊急経済政策（AUSEE）を発表し，政府・労働組合・企業・農民の間で需要抑制と価格統制などの経済安定化に関する社会協約が合意された。3月9日には，政府は，新たな経済計画（PARAUSSE）を発表し，いっそうの需要抑制と外貨準備の増大を試みた。さらに，通貨危機から金融危機への進展を抑えるために，銀行預金保護機構（FOBAPROA）によって預金者保護の緊急融資を行った。

　2）国際金融支援：メキシコに対する国際金融支援は，NAFTAの発効によってメキシコとの関係をいっそう深めた米国の主導によって組織された。1995

年1月2日に，北米枠組み合意（NAFA）に基づき，180億ドルの支援が公表され，1月13日に米国政府がテソボノスの返済保証額を400億ドルに拡大することを提案した．しかし，この提案には米国議会が反対した．その後1月26日に，IMFが78億ドルのスタンドバイ協定を締結した．1月31日には，米国の主導によって総額528億ドルの国際金融支援が決まった．このうち200億ドルが米国の為替安定基金，178億ドルがIMF（スタンドバイ融資を増大），100億ドルが国際決済銀行（BIS）から融資されることになった．

2 通貨危機と危機管理の分析枠組み

通貨危機と危機管理に関する簡単な展開形ゲームを構成しよう（図12.2を参照）．このゲームでは最初に，国際金融資本が通貨投機をするか否かの選択をする．次に，国際金融資本が通貨投機をする場合に，通貨当局が，政策介入し為替レートを安定させるか否かを選択する．最後に，US/IMFが，国際金融資本の通貨投機と通貨当局の政策介入を確認した後，迅速な金融支援をするか否かを決定する．

1） アクター：3人の主要なアクターがいる．国際金融資本（IFC），通貨当局（Gov），国際金融機関（US/IMF）である．国際金融資本は，通貨投機によって為替差益を得たり為替リスクを回避したりしようとする．通貨当局は，外国為替市場に政策介入し，為替レートを安定させようとする．国際金融機関は，各国の通貨不安を取り除き，国際通貨制度を安定的に維持しようとする．

2） 行動空間：アクターの選択肢はそれぞれ2つとしよう．国際金融資本の行動は，現地通貨を売りドルを買う通貨投機をするか否かである．通貨投機がなければ，そこでゲームは終わる．通貨当局の行動は，国際金融資本が通貨投機をする場合に，政策介入するか否かである．政策介入がなければ，通貨は下落する．政策介入にはコストがかかり，そのコストの大きさはUS/IMFの金融支援に依存する．US/IMFの選択は，通貨当局が政策介入した場合に，迅速に金融支援をするか否かである．ただし，US/IMFの金融支援は，戦略的に決定されるというよりは確率的に決定される．

3） 国際状態：各アクターの意思決定の結果，4つの国際状態が生じる．第1

図12.2 通貨危機と危機管理のモデル

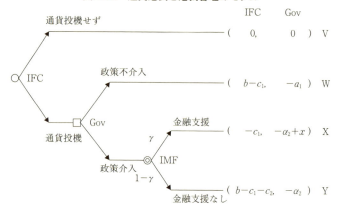

は，国際金融資本が通貨投機しない通貨安定 V の状態である。第2は通貨危機 W の状態で，国際金融資本が通貨投機し，通貨当局が政策介入せず，通貨が下落する。第3は通貨危機の回避 X であり，国際金融資本の通貨投機に対して，通貨当局が政策介入し，US/IMF が迅速に金融支援する。第4は国際収支危機 Y である。通貨投機に対して通貨当局が政策介入するが，US/IMF が迅速に金融支援をせず，通貨危機から国際収支危機に至る。

4）国際金融資本の利得：国際金融資本の利得は，通貨投機をしなければ 0，通貨投機をすれば $b-c_1$ とする。b は通貨投機の期待収益，c_1 は通貨投機のコストを表す。通貨投機の期待収益 $b=b(e,f)$ は，ドル建ての現地為替レート e，ファンダメンタルズ f などの影響を受ける。現地通貨 e の下落は期待収益を上昇させる。通貨当局が政策介入すれば，通貨投機にさらに c_2 のコストがかかるとしよう（$b-c_1-c_2$）。

ここで，通貨当局の政策介入だけでは為替レートを元の水準に戻すには十分ではなく，$b-c_2>0$ であるが，US/IMF が迅速な金融支援をすれば，為替レートは元の水準に回復し，$b-c_2=0$ とする。よって，US/IMF が迅速に金融支援をすれば，国際金融資本の利得は $-c_1$ となる。このとき，国際金融資本の選好順序は，W, Y, V, X の順となる。

5）通貨当局の利得：通貨当局は，通貨投機がなければ利得 0，通貨投機に政策介入しなければ a_1 の政策不介入のコストがかかるとしよう。政策介入しな

ければ，通貨価値が下落し，通貨当局の信認の喪失やインフレというコストが生じる。他方，政策介入すれば，外貨準備減少，金利上昇，景気後退といった政策介入のコスト a_2 がかかるとする。

政策介入する場合の利得は，US/IMF の迅速な金融支援に依存する。US/IMF が迅速な金融支援をしない場合の利得は $-a_2$ である。これは政策介入しないより小さい（$-a_2<-a_1$）とする。US/IMF の迅速な金融支援がある場合の利得は $-a_2+x$ であり，これは政策介入しないより大きい（$-a_1<-a_2+x$）とする。ここで，x は US/IMF の金融支援による利得を表す。通貨当局の選好順序は，V, X, W, Y の順となる。

6) 情報構造：通貨当局にも国際金融資本にも，US/IMF の危機管理に関して不確実性がある。通貨当局も国際金融資本も，$\gamma\in[0,1]$ の確率で US/IMF が迅速に金融支援をし，$1-\gamma$ の確率で迅速に金融支援をしないと予想しているとしよう。

US/IMF の中には，一方には，**最後の貸し手**という点から通貨投機に対して迅速に国際金融支援をし，通貨危機や金融危機を回避すべきであるという意見がある。しかし他方には，通貨当局や国際金融資本の**モラルハザード**を懸念し，国際金融支援は不要であるという意見（自己責任論）がある。このような金融支援に対する見解の相違のために，US/IMF が迅速に金融支援するかどうかは事前には不確実である。

3 通貨危機と危機管理の分析

3.1 金融支援に不確実性がない場合

US/IMF の金融支援に不確実性がない場合について検討しよう。このゲームの均衡は部分ゲーム完全ナッシュ均衡とする。このようなゲームは後向き帰納法によって解くことができる。

1) US/IMF の危機管理がない場合：この場合には，国際金融資本が通貨投機をし，通貨当局が政策介入せず，通貨危機が発生する（図 12.3 を参照）。

このゲームでは，通貨投機に対して通貨当局が政策介入し通貨防衛をするという政策に信頼性はない。通貨投機があるとき，通貨当局の利得は，政策介入

図12.3 US/IMF の危機管理がない場合

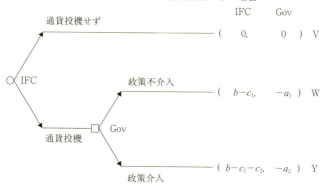

すれば $-a_2$, 政策介入しなければ $-a_1$ である。$-a_2 < -a_1$ であるので, 通貨当局は政策介入しない。国際金融資本は, このような通貨当局の行動を予想し, 通貨投機する ($b-c_1 > 0$)。したがって, US/IMF が迅速な金融支援をしない場合には, 通貨危機が発生する。

例題 1　自己実現的な通貨危機

表12.1のような通貨投機ゲームを想定しよう(序章を参照)。このゲームのナッシュ均衡を求め, 投資家の予想や行動から通貨危機が起きるかどうか確認せよ。

解答：外国為替市場に, 通貨当局と 2 人の投資家 A と B の 3 人のプレイヤーがいる。通貨当局は, 10 単位の外貨準備を持ち, 公定平価を維持するために為替市場に介入する。投資家は, 各 6 単位の国内資金を持ち, 資金の売買(売り, 待ち)によって利益を追求する。投資家は, 為替の売りについて 1 単位の取引費用がかかる。国内通貨の売り総額が外貨準備額を超えると, 通貨当局は公定平価を維持できない。このとき, 50％の通貨切り下げがあるとする。

2 人の投資家が待ちのとき, 両者の利得は 0 である。投資家の 1 人が売りで, もう 1 人が待ちの場合, 公定平価は維持される。このとき, 売りを行った投資家には利益はなく, 取引費用だけがかかり, 利得は -1 単位になる。待ちを行った投資家は, 利益も費用もないのでその利得は 0 である。

2 人の投資家が共に売りを行うと, 通貨当局の外貨準備 10 単位は国内資金総

表 12.1　通貨投機ゲーム 1

A\B	待ち	売り
待ち	$(0,0)^*$	$(0,-1)$
売り	$(-1,0)$	$(1.5,1.5)^*$

額 12 単位より少ない。このとき，通貨当局が公定平価を維持できず，固定為替レート制は崩壊する。2人の投資家が通貨当局から得た 10 単位の外貨は，50% の為替減価があるので国内通貨で測って 15 単位になる。10 単位の資金で 15 単位を得たので，5 単位（それぞれ 2.5 単位）の利益になる。投資家は，取引費用 1 単位を負担しているので，それぞれの利得は 1.5 単位になる。

このゲームは複数均衡を持つ**安心供与ゲーム**である。純粋戦略の範囲では，（待ち，待ち）と（売り，売り）の2つのナッシュ均衡がある。それぞれの均衡は**自己実現的な予想**に依存している。どちらの均衡が実現するかは投資家の予想に依存する。固定為替レート制は維持されると予想し，両者が待ちをとると，（待ち，待ち）の均衡が実現し，固定為替レート制は維持される。しかし，固定為替レート制は崩壊すると予想し，両者が売りをとると，（売り，売り）の均衡が実現し，固定為替レート制は崩壊する。このとき，投資家は互いに協力し，パレート優位な売りを行い，通貨危機が起きるだろう。

2) US/IMF の危機管理がある場合：この場合には，国際金融資本が通貨投機をせず，通貨危機は回避される（図 12.4 を参照）。

通貨投機があるとき，通貨当局の利得は，政策介入しなければ $-a_1$，政策介入すれば $-a_2+x(>-a_1)$ である。したがって，通貨投機があれば，通貨当局は政策介入する。国際金融資本は，このような通貨当局の行動を予想し，通貨投機をしない。US/IMF による迅速な金融支援は，国際金融資本の戦略を変え，通貨当局の戦略を変える。

このように情報が完全な世界では，US/IMF の迅速な金融支援があるか否かが結果に重要な相違をもたらす。US/IMF の迅速な金融支援がない場合には，通貨投機が行われても，通貨当局が政策介入しないので，通貨危機が発生する。US/IMF の迅速な金融支援がある場合には，政策介入が行われ，通貨危機は回避される。

図 12.4 US/IMF の危機管理がある場合

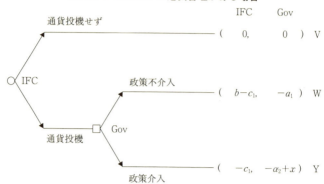

表 12.2　通貨投機ゲーム 2

A\B	待ち	売り
待ち	(0,0)*	(0,−1)
売り	(−1,0)	(−1,−1)

表 12.3　通貨投機ゲーム 3

A\B	待ち	売り
待ち	(0,0)	(0,2)
売り	(2,0)	(0.5,0.5)*

例題 2　通貨当局の外貨準備の重要性

例題 1 の通貨投機ゲームにおいて，通貨当局の外貨準備が 20 単位の場合と 6 単位の場合では結果が異なり，固定為替レート制の維持か崩壊が唯一の均衡になることを示せ。

解答：表 12.2 は通貨当局の外貨準備が 20 単位の場合を表す。この場合には，ナッシュ均衡は（待ち，待ち）で，固定為替レート制は維持される。2 人の投資家が 6 単位の売りを行っても，通貨当局にはまだ 8 単位の外貨準備が残る。したがって，固定為替レート制が維持され，それぞれの投資家に利益はなく，1 単位の取引費用だけがかかる。それぞれの投資家にとって待ちは支配戦略であり，投機的アタックは行われない。

表 12.3 は通貨当局の外貨準備が 6 単位の場合を表す。この場合には，ナッシュ均衡は（売り，売り）で，固定為替レート制は崩壊する。1 人が売りで，1 人が待ちの場合，売りを行った投資家は，6 単位の外貨の購入から 2 単位 ($6 \times 0.5 - 1 = 2$) の純利益を得る。2 人の投資家がそれぞれ 3 単位の売りを行い，利益を分け合う場合には，投資家はそれぞれ 0.5 単位 ($3 \times 0.5 - 1 = 0.5$) の純利益

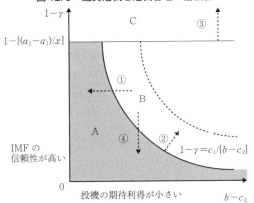

図12.5 通貨危機と危機管理の信頼性

を得る。投資家にとって売りは支配戦略であり，投機的アタックが行われる。

外貨準備は，投機的アタックに重要な影響を及ぼす。外貨準備が比較的良好な場合（上の例の10単位の外貨準備）でも通貨危機が起きる。しかし，国際金融支援によって外貨準備が十分に存在する場合（20単位の外貨準備）には，パニックのみで通貨危機は起きない。

3.2 金融支援に不確実性がある場合

US/IMFの迅速な金融支援について，国際金融資本にも通貨当局にもに不確実性がある場合について検討しよう。このゲームでは，危機管理の信頼性 γ が重要な役割を果たし，US/IMFの迅速な金融支援がない場合でも通貨危機を回避できる場合がある。

図12.5は，US/IMFの危機管理の信頼性（$1-\gamma$）を縦軸に，国際金融資本の利得（$b-c_2$）を横軸にとり，通貨危機の発生と危機管理について表す。この図では，下方に行くほどUS/IMFの危機管理の信頼性 γ は上昇し，左方に行くほど通貨投機の利益は低下する。この図は，A（通貨安定），B（通貨攻防），C（通貨危機）の3つの領域に分けられる。

国際金融資本も通貨当局も，γ の主観的確率でUS/IMFの迅速な金融支援があると考えているとする。最後の手番においてUS/IMFは，通貨投機に対して通貨当局が政策介入した場合に，γ の確率で迅速な金融支援を行い，$1-\gamma$ の

確率で金融支援をしない。

例題3　政策介入の条件
通貨当局が政策介入する条件を求めよ。
解答：通貨当局の期待利得 Π_{Gov} は次式のようになる。

$$\Pi_{\text{Gov}} = \beta(\gamma x + a_1 - a_2) - a_1$$

ここで，β は，通貨当局が政策介入する確率を表す。期待利得を最大にするような β で，かつ通貨当局が政策介入する（$\beta=1$）ような条件を求める。通貨当局は，US/IMF の金融支援の信頼性 γ が次のように十分に大きければ，政策介入する。

$$\gamma > (a_2 - a_1)/x \qquad \cdots\cdots ①$$

政策介入のコスト (a_2-a_1) が十分に小さく，US/IMF の迅速な金融支援 x やその信頼性 γ が十分に大きい場合には，通貨当局は政策介入する。そうでない場合には，政策介入しない。これは図12.5の水平線 $(1-\gamma=1-[(a_2-a_1)/x])$ の下の領域で表される。

例題4　国際金融資本の通貨投機
国際金融資本が通貨投機しない条件を求めよ。
解答：国際金融資本の期待利得 Π_{IFC} は次式のようになる。

$$\Pi_{\text{IFC}} = (1-\alpha)\{b - c_1 - \beta[\gamma(b-c_2) + c_2]\}$$

ここで，α は，国際金融資本が通貨投機しない確率を表す。期待利得を最大にするような α で，かつ国際金融資本が通貨投機しない（$\alpha=1$）ような条件を求める。US/IMF の金融支援の信頼性 γ が次のように十分に大きければ，国際金融資本は通貨投機をしない。

$$\gamma > (b-c_1-c_2)/(b-c_2) \quad かつ \quad \gamma > (a_2-a_1)/x \qquad \cdots\cdots ②$$

国際金融資本の行動は，通貨投機の誘因 $(b-c_1-c_2)/(b-c_2)$，US/IMF の迅

速な金融支援の信頼性 γ，通貨当局の政策介入の意思 $(a_2-a_1)/x$ の相対的大きさに依存する。US/IMF が迅速な金融支援をしない場合でも，その信頼性 γ が十分に大きければ，国際金融資本の通貨投機を未然に回避することができる。これは，図 12.5 の右下がりの曲線 $(1-\gamma=c_1/(b-c_2))$ の下方で，かつ水平線の下の領域 A である。

図 12.5 の領域 A $(\gamma>(b-c_1-c_2)/(b-c_2)$ かつ $\gamma>(a_2-a_1)/x)$ は，通貨当局が政策介入し，国際金融資本が通貨投機をしない通貨安定の領域である。領域 B $(\gamma<(b-c_1-c_2)/(b-c_2)$ かつ $\gamma>(a_2-a_1)/x)$ は，国際金融資本が通貨投機し，通貨当局が政策介入する通貨攻防の領域である。領域 C $(\gamma<(a_2-a_1)/x)$ は，国際金融資本が通貨投機し，通貨当局が政策介入しないので，通貨が下落する通貨危機の領域である。

4 通貨危機管理

通貨危機管理の政策について，1) 通貨投機の期待収益 b，2) 通貨投機のコスト c_1, c_2，3) 政策介入のコスト a_1, a_2，4) 国際金融支援 x，5) 危機管理の信頼性 γ という点から検討しよう。資本移動のグローバル化や各国の国家主権を前提にすれば，国際金融支援体制の確立や危機管理の信頼性の向上が重要になる。

4.1 通貨投機の期待収益

国際金融資本の通貨投機の期待収益 b を低下させれば，通貨危機を回避する可能性は大きくなる（図 12.5 の①の効果）。そのためには，各国のファンダメンタルズを十分に管理し，経済政策の信認を得ることが重要になる。

第 1 に，通貨投機の期待収益を低下させるには，ファンダメンタルズを十分に管理することが重要になる。現地通貨の為替レート e に影響を及ぼすファンダメンタルズには，経済成長率，インフレ率，財政収支，経常収支，外貨準備，実質為替レート，金利，対外債務残高，金融システムの健全性などがある。これらの指標を十分に管理し，現地通貨の為替レート e を安定させれば，通貨投機の期待収益 b は低下する。

第2に，経済政策に対する国際金融資本の信認を得ることも重要になる。ファンダメンタルズの悪化自体ではなく，それに対する通貨当局の政策姿勢や国際金融資本の評価が重要になる。経済政策の信任を得るという点に限れば，IMF 経済調整プログラムの受け入れも1つの方法かもしれない。しかし，IMF 経済調整プログラムは景気後退や金融不安のコストを高める可能性があり，各国の政策当局がそれを実施するには限界がある。

4.2　通貨投機のコスト

　国際金融資本の通貨投機のコスト c_1 を高めれば，通貨危機を回避する可能性は高くなる（図12.5の②の効果）。そのための方法として，国際資本移動に対する規制の強化がある。しかし，資本移動のグローバル化や IMF の資本取引の自由化（効率的な資源配分の促進）を前提にすれば，国際資本移動の規制には限界がある。

　国際金融資本の通貨投機のコストを高める方法には，以下のような資本移動の規制がある。①資本取引規制：非居住者の資本取引を分野・金額・期間によって制限する。これは1998年にマレーシアで実施された。②異なる支払準備率の適用：自国通貨建てと外貨建ての預金に異なる支払準備率を適用する。これは1994年にマレーシアで，1995年にタイで実施された。③無利子の強制預託制度：海外からの短期資本の流入の一部を中央銀行に強制的に無利子で預託させる。これはチリで1991年に導入され，対外借入の20％を強制預託させた。④トービン税：すべての直物為替取引に取引規模に応じて均一な税率を課す。

　国際資本移動の規制に関して，1999年6月の G7 サミットで，短期資本移動に例外的な規制を容認する方向で合意した。しかし IMF は，資本取引の自由化を基本的な原則としており，融資条件の1つとして融資受入国の資本取引の自由化を要求してきた。

例題5　資本移動規制の効果

　資本移動規制の効果を図12.5で示せ。

　解答：資本移動の規制が行われると，右下がりの曲線 $(1-\gamma = c_1/(b-c_2))$ が右上方にシフトし，通貨攻防の領域 B が縮小し，通貨安定の領域 A が広がる。

4.3 政策介入のコスト

通貨投機が起きた場合に,政策当局の介入コスト a_2 を低下させ,不介入コスト a_1 を増大させれば,通貨危機を回避する可能性は大きくなる(図12.5の③の効果)。

第1に,政策介入のコスト a_2 を低下させるには,介入政策を再検討する必要がある。IMFは,通貨投機への対策として,為替介入よりも高金利政策による通貨の安定を支持してきた。高金利政策は,内需を抑制し経常収支を改善すると共に,国内の金融資産の収益率や資金調達のコストを高め,資本流出を抑制することが期待される。しかし,高金利政策は,景気後退や金融不安などのコストを伴うため,必ずしも適切な政策ではない。

第2に,政策介入のコスト a_2 低下には,IMF経済調整プログラムを改善することも重要である。IMFの経済調整プログラムは,緊縮的な財政金融政策によって政策介入のコスト a_2 を高める可能性がある。アジア通貨危機後,財政支出の削減や増税によって各国の低所得者層の生活水準が大きく悪化した。この教訓から,社会的セーフティネットへの支出や財政収支目標の緩和が認められるようになった。

4.4 国際金融支援

国際金融支援 x の強化は,通貨当局の政策介入のコストを緩和し,通貨投機のコストを上昇させ,通貨投機を回避する可能性を高める(図12.5の①と③の効果)。国際金融支援を強化するには,国際金融支援体制の確立や,IMF融資の増額や迅速化が重要になる。

第1に,国際金融支援を強化するには,国際金融機関が資金・情報・人材などで協力し,域内協力体制を整備することが重要になる。通貨危機が発生する以前から,G7やIMFを中心に国際的な危機管理体制を確立する必要がある。そのためには,IMFを中心にした国際金融機関の協力体制が重要になる。また域内協力体制を整備することも重要である。

第2に,国際金融支援の強化には,IMF融資を増額し迅速に実行すると共に,民間金融機関の関与が重要になる。IMF融資は,国際金融資本の取引量と比べ不十分であり,分割融資のため一度の融資額にも限界がある。融資限度額の

増額，融資条件の緩和，民間金融機関とのクレジットラインの締結，民間金融機関の緊急時の強制借り換えや債務返済の猶予などが重要になるだろう．

4.5 危機管理の信頼性

米国やG7・IMFが通貨投機に対して迅速な危機管理を行うという各国の通貨当局や国際金融資本の信頼性γを高めれば，通貨危機回避の可能性は高まる（図12.5の④の効果）．

危機管理の信頼性γを高めるには，第1に，通貨危機の発生前から国際的な危機管理体制を確立する必要がある．とくに，米国やG7・IMFが危機管理にどのように関与し指導力を発揮するかが重要になる．第2に，通貨危機の発生前から特別データ公表標準SDDSプラスをもとに相互に情報を共有し，各国のマクロ経済運営や国際金融資本の動向を監視し，サーベイランス機能を強める必要がある．第3に，通貨投機が米国やG7・IMFの迅速な金融支援につながるという点で**評判効果**を確立することが重要である．地域や国によって金融支援を差別すれば，評判効果を損なうことになる．

しかし，各国経済政策への介入や国際金融資本への監視には当事者から強い反発がある．また米国やG7・IMFは，通貨危機に対して必ずしも迅速な金融支援をするとは限らない．国際金融支援国の中には，被支援国のモラルハザードや投機的な国際金融資本の救済に批判的な意見があるからである．

文献案内

Guide to Further Reading

Eichengreen, B. (1999) *Toward A New International Financial Architecture: A Practical Post- Asia Agenda*, Washington D.C.: Institute for International Economics（勝悦子監訳『国際金融アーキテクチャー』東洋経済新報社，2003年）.
 ＊国際金融システムの制度設計について提案している．
Obstfeld, M. (1996) "Models of Currency Crises with Self-Fulfilling Features," *European Economic Review*, 40 (3/5): 1037–1047.
 ＊自己実現的な通貨危機に関する簡単なゲーム理論による分析．

福田慎一・小川英治編（2006）『国際金融システムの制度設計——通貨危機後の東アジアへの教訓——』東京大学出版会。
　＊国際金融システムの制度設計について検討している。

索　引

ア　行

アクター　19, 38, 56
新しい戦争　19
アラファト　53
アルカイーダ　71, 73
アルジェリア人質事件　71
アルバニア人　36
安心供与　8
　　——ゲーム　213
イスラエル　53, 107
イスラム原理主義　72
イスラム国　→　IS
イスラムの核　107
移民　155
　　——の回廊　167
　　——の経済的同化　164
　　——の財政効果　165
移民コミュニティ　166
移民の丘論　157
イラク　105
イラク戦争　105
イラン　105
イラン核合意　105, 116
インド　106
インフレ率　201
ウインセット　61, 63, 148–150
ウェルナー報告　189
ウクライナ　107
ウクライナ方式　107
後向き帰納法　58, 95, 184, 211
N番目の通貨　191

援助政策の変更　48
欧州共同体　→　EC
欧州中央銀行　→　ECB
欧州通貨制度　→　EMS
欧州連合　→　EU
オスロ合意　55, 65

カ　行

介入の信頼性　49
外部機会　19
外部経済　78, 85, 129
外部性　78
外部費用　81, 82
外部不経済　78, 136
化学兵器禁止条約　78
核開発のペナルティ　98, 100, 115, 116
核開発の誘因　98, 99, 112, 113
核軍拡競争　104
核軍縮交渉　104
核交渉成功の条件　98
核交渉の臨界曲線　98
核テロリズム防止条約　78
核の闇市場　107
核廃絶　118
核不拡散ゲーム　4, 109, 110
核不拡散条約　→　NPT
核不拡散体制　103
　　——の安定条件　112
核不拡散の臨界曲線　113
核物質防護条約　78
核兵器禁止条約　109, 118
核兵器の無効化　99

過剰債務仮説　178
為替相場メカニズム　191
為替投機ゲーム　10
環境破壊　136
観衆　74
　　　コスト　4
関税及び貿易に関する一般協定　→　GATT
関税同盟　→　CU
環太平洋経済連携協定　→　TPP
危機管理の信頼性　215, 220
期待効用　3
期待修正フィリップス曲線　196
期待利得　20, 40, 57, 97, 216
北大西洋条約機構　→　NATO
北朝鮮の非核化　92
規模の経済　128
逆第2イメージ論　63
9.11事件　71, 72, 90
キューバ危機　13, 104
行政指導　142, 153
協調的安全保障　99
共同市場　123
共同声明　91
拒否権プレイヤー　57, 146, 152, 183
金融パニック　195
金倉里　89
軍事制裁　100, 115
軍事対立　28, 39, 40
経済・通貨同盟　→　EMU
経済制裁　100, 115, 116
経済同盟　123
経済連携協定　→　EPA
経常収支赤字　206
契約曲線　148, 150
限界リスク　3
原産地規則　123
現地生産　141

コイン合わせ　13
合意文書　91
交易条件　130
高技能移民　167
行動空間　19, 39, 56, 93, 182, 209
購買力平価　197
効用関数　2, 75, 180
国際介入　40, 44
国際協調　116
国際金融支援　208, 219
国際原子力機関　→　IAEA
国際社会の関与　65, 66
国際平和　61
国際利子率　208
国内政治不安　208
国内平和　61
国民所得　160
コソボ紛争　36
コソボ和平案　37
固定為替レート制　206, 213
コミットメント　8
　　　問題　27, 29, 41-43, 48, 49, 62, 63, 201
混合戦略　14
コンディショナリティ　39, 40, 45, 46, 173, 180

サ　行

最後通牒ゲーム　19, 146
最後の貸し手　196, 211
最弱リンク型　83, 84
最適応答　6, 15, 96, 112, 135
最適関税　130
債務維持可能性　176
債務危機　175
　　　ギリシャの　　　173, 195
債務交渉ゲーム　182, 183

索　引

債務交渉合意の条件　187
債務不履行　173, 195
債務ラッファーカーブ　178
サプライサイド・アプローチ　114
シグナリング　33
自己実現的な予想　213
自己責任原則　196
市場統合　189
市場の失敗　129
市場分野別個別協議　→　MOSS協議
自然失業率　203
私的情報　92, 95, 96, 111
支配戦略　80, 134
　──均衡　7, 80-83
資本移動誘因論　158
資本所得　160
資本の国際移動　158
社会関係資本　166
社会厚生関数　122, 167
社会主義連邦の解体　47
集合行為論　132
囚人のジレンマ　7, 80-83, 135
自由貿易協定　→　FTA
　──の経済効果　125
自由貿易擁護論　127
シュタッケルベルグ均衡　198
消極的安全保障　115
少数派の拒否権　43
情報構造　21, 95, 111, 146, 211
情報集合　96, 112
情報の非対称性　30, 95
所得効果　76
所得分配　131, 155, 161
シリザ　174, 195
侵攻阻止の条件　3
人道的介入　37
信頼性問題　201
数値目標　142

頭脳流出　166
制裁関税　139
　──の威嚇　148, 152
制裁決議　101, 116
制裁の威嚇　144
制裁の信憑性　96, 98, 101, 112, 117
政策介入　208, 216, 219
生産補助金　130
政治的支持関数　146, 197
政治的支持論　133
勢力均衡論　25
勢力支配論　25
世界貿易機関　→　WTO
積極的安全保障　115
セルビア共和国　36
セルビア人　36
選好　75
先制攻撃　9, 77, 79, 80, 82, 83
　──の優位性　26
戦争　57, 59-62, 64, 65
　──の確率　31
　──の期待利得　24, 29, 31
　──の決意　30
　──のコスト　21, 30, 40, 61, 63, 64
戦略　5
戦略形ゲーム　4, 169
戦略的代替関係　79, 80
戦略的貿易政策　130
戦略的補完関係　79, 82
相対利得　26, 27

タ　行

第一攻撃標的　81, 83, 85
第1次北朝鮮核危機　88
第2次北朝鮮核危機　90
第3次北朝鮮核危機　91
代替効果　76, 77

索　引

大量報復戦略　104
対話と圧力　90, 99
タリバン政権　73
短期資本の流入　206
地域貿易協定　123
チーティング解　198
チキンゲーム　12
中心通貨　191
調整ゲーム　11
朝鮮半島エネルギー開発機構　→　KEDO
直接投資　116, 158
賃金所得　160
通貨危機　10
　　メキシコの――　206
通貨主権　188, 191
通貨投機　209
　　――ゲーム　212
通貨同盟　191, 198, 199
通商拡大法232条　139
通商法301条　139, 144, 145
2レベルゲーム　145
低技能移民　168
ディマンドサイド・アプローチ　114
デフォルト　173, 195
テロ活動　75
　　――の費用　75, 77
テロ支援国家　73
テロ資金供与防止条約　78
テロ対策ゲーム　15
テロリスト　73
テロリズム　72
　　国際――　71
投機的アタック　215
同質労働　163
独占の弊害　128
取引費用　134
トロイカ　173

ナ　行

内戦　36, 41, 57, 59, 61, 62, 64, 65
内戦回避の条件　42
ナッシュ均衡　7, 81, 84, 134, 135, 147, 149, 169, 198, 214
　　部分ゲーム完全――　21, 24, 95, 211
日米構造協議　141
日米自動車交渉　140
日米半導体協定　143
日米貿易交渉　145
日米包括経済協議　141
寧辺　89
ネタニヤフ　55

ハ　行

パキスタン　107
爆弾テロ防止条約　78
覇権安定論　112, 124
覇権戦争論　25
パットナムの命題　61, 187
ハマス　53, 73
パレート効率曲線　23
パレート優位　9, 80, 82-84, 213
パレスチナ解放機構　→　PLO
パワーシフト　27, 28, 32, 41
パワー分布　21, 25
板門店宣言　91
非核地帯　115
比較優位　128
非生産的な利潤追求　129
非対称情報　30, 95
標的　74
評判効果　220
ビン・ラディン　73, 85
ファタハ　54

索　引　　　227

プッシュ・プル理論　157, 160
部分均衡モデル　163
不法移民　168, 169
ブラセロ計画　156
フリーライダー　50, 80, 178
武力紛争　64
プレイヤー　5
豊渓里　91
分権的領域　56
　——秩序　35
米朝核交渉　87
米朝首脳会談　92
米朝枠組み合意　89
平和の配当　22
ベスト・ショット型　84, 85
ペナルティ　39, 40, 43, 45, 46, 184
ペリー報告　90, 93
返済意思の問題　177
返済能力の問題　176
貿易交渉　8
　——の均衡　148
貿易自由化　123
　——のジレンマ　134
貿易障壁　146, 152
貿易創出　126
　——効果　125
貿易転換効果　126, 127
包括的核実験禁止条約　→　CTBT
防御政策　78, 81, 84
報復関税　139
報復攻撃　77
報復の信憑性　3
北米自由貿易協定　→　NAFTA
保護貿易擁護論　129
補償費用　134

マ 行

マーストリヒト条約　192
マルク本位制　191
民族浄化　37
メカニズムデザイン　33, 42
メキシコ系移民　156
メディア　73
モラルハザード　196, 211

ヤ 行

ユーロ　194
ユーロ危機　194, 195
輸出自主規制　140
輸入自主拡大　141
幼稚産業保護論　130
抑止政策　81, 82, 101
予算制約　75, 77, 181
予防政策　77, 79, 85
予防戦争　27, 28, 39, 40, 48

ラ 行

リスク回避論　157
リスケジューリング　177
利得　5, 20, 57, 94, 110, 183, 184, 210
　——関数　5, 147
　——行列　6
リビア　106
リビア方式　99, 106
流動性の問題　175
ローマ条約　189
6カ国協議　91

ワ　行

和平合意　22, 28, 57, 61-65
　　——の失敗　49
和平交渉　53

アルファベット

CTBT　108
CU　123
CVID条件　92
EC　189
ECB　193
EMS　190
EMU　191, 192
EPA　123
EU　123, 173, 192
FTA　123
GATT　123, 145
IAEA　88
IS　71, 73
KEDO　89
MOSS協議　141
NAFTA　123
NATO　36, 37
NPT　88, 108
　　——体制維持の機会費用　118
　　——体制の信頼性　118
PLO　53
TPP　123
WTO　123, 145

著者紹介

1954年　愛知県に生まれる
1985年　神戸大学大学院経済学研究科博士課程修了
現　在　神戸大学大学院経済学研究科教授
専　攻　国際経済学，国際政治経済学。博士（経済学）
著訳書　『国際貿易交渉と政府内対立』（勁草書房，2017年）
　　　　『国際経済学を学ぶ』（ミネルヴァ書房，2012年）
　　　　『FTA/EPA 推進に何が必要か』（編者，勁草書房，2011年）
　　　　『インセンティブな国際政治学』（日本評論社，2010年）
　　　　『入門・国際政治経済の分析』（勁草書房，2007年）
　　　　『開発の国際政治経済学』（勁草書房，2001年）
　　　　『国際政治経済の理論』（勁草書房，1998年）
　　　　『政治学のためのゲーム理論』（監訳，勁草書房，2016年）
　　　　『覇権後の国際政治経済学』（共訳，晃洋書房，1998年）

グローバル政治経済のパズル
ゲーム理論で読み解く

2019年2月20日　第1版第1刷発行

著　者　石　黒　　馨
　　　　（いしぐろ）（かおる）

発行者　井　村　寿　人

発行所　株式会社　勁　草　書　房
　　　　　　　　　　　　（けい）（そう）

112-0005　東京都文京区水道 2-1-1　振替 00150-2-17523
（編集）電話 03-3815-5277／FAX 03-3814-6968
（営業）電話 03-3814-6861／FAX 03-3814-6854
精興社・中永製本

© ISHIGURO Kaoru　2019

ISBN978-4-326-30274-1　　Printed in Japan

JCOPY 〈出版者著作権管理機構 委託出版物〉
本書の無断複製は著作権法上での例外を除き禁じられています。
複製される場合は，そのつど事前に，出版者著作権管理機構
（電話 03-5244-5088，FAX 03-5244-5089，e-mail: info@jcopy.or.jp）
の許諾を得てください。

＊落丁本・乱丁本はお取替いたします。

http://www.keisoshobo.co.jp

石黒 馨
入門・国際政治経済の分析——ゲーム理論で解くグローバル世界
国際政治経済の理論をわかりやすく説明し,それらの理論をつかって通商交渉,通貨協力,地域紛争の事例分析のお手本を示す。　2800 円

ジェイムズ・モロー　石黒馨 監訳
政治学のためのゲーム理論
ゲーム理論ってどんな学問？　どうすれば政治学に応用できる？　初学者にも丁寧に説明する定番書,待望の完訳！　5500 円

石黒馨 編著
FTA/EPA 推進に何が必要か——農業・林業・介護士制度の改革
TPP とともに関心が高まる日本の FTA/EPA 政策。自由貿易を促進しながら農業などを「強く」する方法とは？　2800 円

石黒馨
国際貿易交渉と政府内対立——2 レベルゲーム分析
貿易交渉と国内制度,制度改革と貿易交渉,そして日本の FTA/EPA 交渉をも検討し,2 レベルゲーム分析の力を示す。　4200 円

トーマス・シェリング　河野勝 監訳
紛争の戦略——ゲームの理論のエッセンス
ゲーム理論を学ぶうえでの必読文献。身近な問題から核戦略まで,戦略的意思決定に関するさまざまな問題を解き明かす。　3800 円

ジョン・フォン・ノイマン＆オスカー・モルゲンシュテルン　武藤滋夫 訳
ゲーム理論と経済行動——刊行 60 周年記念版
ゲーム理論はここから始まった。学問のあらゆる分野に影響を与えつづける不朽の名著がいま決定的翻訳として新訳でよみがえる。　13000 円

——————————勁草書房刊

＊刊行状況と表示価格は 2019 年 2 月現在。消費税は含まれておりません。